세계 인플레이션 시대의
경제지표

MUST-KNOW ECONOMIC INDICATORS
IN THE AGE OF INFLATION

세계 인플레이션 시대의
경제지표

에민 율마즈 지음 | 신희원 옮김

주식 차트나 기업 실적보다 더 중요한 경제 흐름 읽는 법

시크릿하우스

세계 인플레이션 시대의
경제지표

차례

제2장
반드시 봐야 하는 미국의 12대 경제지표

|

세계 경제 구조가 달라지고 있다

경제 분석을 할 때 가장 중요한 것

이 책을 집어 든 여러분에게 먼저 감사의 인사를 전하고 싶다. 이 책은 경제지표를 읽는 법, 활용하는 방법을 설명한 책이다. 투자자나 금융 기관에서 근무하는 사람, 글로벌 비즈니스를 하는 사람은 물론 다양한 분야의 비즈니스 종사자와 지금부터 경제를 배워나갈 학생에게도 도움이 되는 내용을 담기 위해 노력했다.

결론부터 말하자면 투자와 경제 분석을 할 때 가장 중요한 것은 눈앞에 일어난 사건에 휘둘리지 않고 '거시적인 관점'을 가지는 것이다. 필자는 매일 시세 동향을 볼 때 지정학은 물론 민족학, 종교학 등의 지식을 활용하여 거시적인 관점을 계속해서 업데이트한다.

거시적인 관점이라니, 이렇게 말하면 왠지 어려울 것만 같은 느낌이 들지도 모른다. 그러나 제2차 세계대전 이전 시대의 일본인은 이러한 분석에 뛰어난 지식인과 정치인이 많았다. 오사카 도지마 지역의 쌀 시장에서 세계 최초로 '선물'의 구조를 만들고, '캔들 차트'라는 오늘날 가장 대중적인 차트 형식을 발명한 것도 일본인이다. '일본인은 투자에 적합한 성격이 아니다'라는 말을 자주 듣는데, 일본 경제사를 모르는 사람들이 하는 근거 없는 말이라고 생각한다. 사실 일본인만큼 투자하기 좋은 민족은 아마도 없을 것이다.

그런데도 일본인의 투자관에 오해를 품고 있는 사람은 최근 30년간 일본 경제와 일본 시장의 이미지에 아직 사로잡혀 있기 때문이다. 버블 경제 붕괴의 트라우마에 더해 디플레이션 경제 아래에서 투자할 매력이 사라져, 일반인은 투자와 멀어졌다. 그러나 디플레이션이 발생한 나라에서 이러한 행동은 지극히 합리적이다. 왜냐하면 디플레이션 때 현금을 그대로 들고 있는 것도 일종의 투자이기 때문이다. 현금의 가치가 오른다면 현금 그대로 두는 것도 자산 운용이 될 수 있다. 한편 디플레이션 시대가 끝나고 인플레이션 시대에 돌입한 오늘날의 일본에서 투자 열풍이 일어나는 것도 당연한 흐름이다. 일본인이 투자의 필요성에 눈뜨고, 30년 만에 움직이기 시작한 것이다.

세계 각국의 경제 관계는 글로벌화와 더불어 더욱 긴밀해졌다. 미국에 금융위기가 일어나면 전 세계로 불똥이 튀고, 경제 규모가 작은 신흥 국가에서 일어난 위기도 선진국으로 파급하여 커질 위험성이 항상 존재한다.

또 경제 구조의 차이로 인해 국제 경제보다 선행하여 움직이는 나라도 있는가 하면, 뒤늦게 움직이는 나라도 있다. 이렇게 약동하는 경제와 그 배경에 있는 메커니즘을 이해하는 것이 '거시적인 관점'을 가지는 첫걸음이다.

투자란 '전쟁'과 비슷하다. 단기간에 승부를 보는 전

쟁이 아니라 장기간에 걸쳐 싸울 때 전술보다 중요한 것이 '전략'이다. 전술이 뛰어나도 시장의 방향성을 이해하지 못하면 급격한 시세 변동에 당하고 만다. 전략이란 거시적인 관점을 읽는 것이다.

50년 만의 경제 대전환

지금껏 경제지표 분석이라고 하면 거시 경제 전문가나 하는 일이라는 인식이 강했다. 그러나 지금부터는 투자자는 물론 모든 비즈니스 종사자가 경제지표를 제대로 읽어야만 뒤처지지 않는다. 왜냐하면 지금의 세계 경제는 50년에 한 번이라고 말할 수 있을 정도의 큰 전환점을 마주했기 때문이다. 이 전환점이란 1970년대부터 1980년대에 경험한 이래로 대 인플레이션 시대를 맞이하고 있는 지금을 말한다.

미국의 소비자물가지수는 1974년 12월에 전년 동월 대비 12.3% 상승한 후, 일단 진정세를 되찾았으나 1980년 3월에는 전년 동월 대비 14.8% 상승을 기록한 바 있

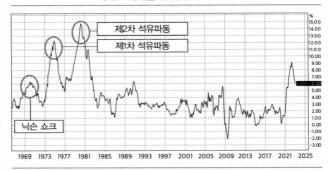

미국 소비자물가지수(1965년 이후)

제2차 석유파동

제1차 석유파동

닉슨 쇼크

출처: TradingView

다. 전자가 제1차 석유파동, 후자가 제2차 석유파동에 의한 원유 가격의 상승에 따른 영향이다.

2008년의 리먼 쇼크 이후, 많은 선진국은 낮은 성장률과 디플레이션 리스크로 고민했다. 조금이라도 성장률을 높이고 2%대 인플레이션 목표를 달성하기 위해 적극적인 금융 완화 정책을 펼쳐왔다. 그런데, 2021년 5월경부터 미국은 급격한 인플레이션으로 전환하여, 2022년 7월의 소비자물가지수는 전년 동월 대비 9.1% 상승했다.

일본에 있으면 인플레이션을 실감할 기회가 지금껏 거의 없었으리라 생각한다. 1980년대 후반, 버블 경제가 한창이던 때조차 일본의 소비자물가지수는 적어도 지금의 미국 상황과 비교하면 거의 상승하지 않은 것이나 다름없었다. 1989년의 소비자물가지수는 전년 대비 2.9% 상승, 1990년은 3.3% 상승에 지나지 않았다. 이러한 시대가 30년 이상 이어졌으니 디플레이션에 익숙해진 일본인이 인플레이션을 떠올리지 못하는 것도 당연한 일이다.

급격한 인플레이션은 혼돈을 불러일으킨다

필자는 튀르키예 출신인데, 튀르키예는 인플레이션이 당연하게 일어나는 나라다. 1980년대, 1990년대는 두 자리 숫자의 물가 상승률도 당연했는데, 심지어 물가 상승률이 80%, 90%라는 말도 안 되는 시절도 있었다. 필자가 직접 경험했는데, 갓 초등학교에 입학했을 무렵 병이나 캔에 든 주스 가격이 1개에 10튀르키예 리라였던 것이 고등학교를 졸업할 무렵에는 100만튀르키예 리라가 되어 있었다.

본격적인 인플레이션이 시작되면 이에 맞춰 다양한 재화의 가격을 늘상 조정해야만 한다. 이것은 기업 간에 거래되는 원재료 가격뿐만 아니라 소비자에게 판매되는 제품이나 서비스의 소매 가격도 그렇고, 나아가 회사에서 일하는 사람에게 주는 급여와 공무원의 급여도 그렇다. 아무튼 가격이 붙어있는 모든 것을 대상으로 다시 검토해야 한다. 그러나 이러한 종류의 가격 책정에 가이드라인이 있는 것도 아니어서 무엇의 가격을 어디까지 올리면 좋을지 기업에 따라, 혹은 공적 서비스 부문에서 제각기 이루어지므로 세상의 온갖 것들의 가격이 극히 혼란스러운 상태에 빠지게 된다.

하이퍼 인플레이션의 가장 큰 문제가 사실은 바로 이것이다. 세상의 가격 형성이 혼돈에 빠지며 사회에도 혼돈을 불러일으킨다. 자신의 급여가 물가에 연동하여 늘어나면 다행이지만, 반대로 인플레이션을 밑도는 정도밖에 오르지 않으면 구매력은 큰 폭으로 떨어진다. 이는 일상생활을 영위하는 데 더없이 스트레스를 받는 요인이 된다.

또 하나 인플레이션의 나쁜 면은 가격의 감각이 사라진다는 데 있다. 특히 물가가 연간 80%, 90%씩 상승하는 하이퍼 인플레이션 상황이라면 눈앞에 있는 재화의 가격이 비싼지 싼지 판단이 서지 않게 된다. 그 결과 자국 통화 약세가 자리 잡은 나라에서는 자국 통화가 아닌 미국 달러로 가격이 표시되게 된다.

물론 일본이 향후 하이퍼 인플레이션이 될지는 알 수 없다. 다만 2022년 내내 미국 달러/엔화 환율은 매우 거친 움직임을 보였다. 뉴스에서 들은 적이 있을 수도 있는데 엔저, 다시 말해 엔화의 통화 가치 저하는 인플레이션의 원흉이 될 수 있다. 2022년 3월쯤에는 1달러=115엔 전후였던 환율은 같은 해 10월 21일에는 1달러=151.94엔까지 엔화 가치가 떨어졌다. 그 후 2023년 1월 16일까지 1달러=127.23엔까지 엔화 가치가 올랐지만, 2월 17일 시점에서는 1달러=134엔대의 엔저 경향으로 전환했다.

향후 더욱 엔저로 향할지, 아니면 엔고로 반전할지는 알 수 없지만, 40~50년 만의 인플레이션이 일어나는 상황 속에서 우리는 지금 이상으로 외환시장과 환율의 움직임에 큰 영향을 미치는 세계 경제의 움직임을 주시해 나갈 필요가 생겨났다. 그렇기에 더욱이 경제지표의 움직임도 신경 써서 살펴보아야 한다.

왜 인플레이션이 일어났는가?

그렇다면 왜 디플레이션 경제에서 인플레이션 경제로 대전환이 일어나고 있는 것일까? 우선 인플레이션이란 무엇인지 정의를 살펴보자. 일반적으로 인플레이션은 계속해서 물가가 상승하는 현상을 가리키는데, 이 말을 더욱 분석적으로 설명한 문장이 있다. 일본 도요게이자이신보사 전 사장으로, 제2차 세계대전 후에는 재무성 장관과 내각총리대신을 역임한 이시바시 단잔의 말이다.

── 인플레이션이란 무엇인가. 이것을 학문적으로 정밀하

게 해석하는 일은 학자의 업무로, 나는 이 일을 시도하려는 것이 아니다. 나는 항상 이 **인플레이션**이라는 것을 지극히 상식적으로 해석하여, 한 나라에서 **통화의 수량**이 그 나라의 경제 활동의 건전한 발전에 **필요 이상**, 내지는 **유해**한 정도로 증가하는 것이라 말한다. 영국의 유명한 경제학자 **마셜**은 통화를 **기계의 기름**에 비유했는데, 기름은 기계에 없어서는 안 되는 존재다. 기름이 없으면 원만하게 움직이지 않지만, 그 양이 너무 많으면 또 기계의 운전을 저해한다. 적어서도 안 되고 너무 많아서도 안 된다. (굵은 글씨는 필자가 표시한 것)

다음은 금융청 홈페이지에 적혀있는 내용이다.

— 인플레이션은 계속해서 물가가 상승하는 상황을 말한다. **물가는 돈과 재화의 교환 비율로, 물가가 상승**하는 것과 **화폐 가치가 저하**되는 것은 같은 것인데, 보합 내지는 **안정적**으로 추이한다면 경제 활동에 **플러**

스로 작용한다고 한다. 소비자는 기업의 매출이나 생산 증가로 인해 노동 소득이 증가하므로 그만큼 **지갑을 더 열게 된다. 소득 효과**와 함께 물가가 계속해서 상승해 가는 중에는 현금을 보유하는 것보다도 조금이라도 쌀 때 재화를 사두는 편이 유리하다고 생각하여 **소비가 활성화**된다. 또 인플레이션 상황 아래에서는 빌린 돈의 부담이 가벼워지므로 **돈을 빌려서라도** 자동차와 같은 **내구재, 소비재, 주택**과 같은 큰 소비를 하려고 하므로 가계에 자산과 부채, 즉 밸런스시트(balance sheet of household, 가계 운영 시 재산이나 부채에 관한 자산 관리. 기업회계에서 사용하는 대차대조표를 가계에 적용시킨 것.-옮긴이)를 **팽창시킨다.**' (굵은 글씨는 필자가 표시한 것)

지금까지 살펴본 내용이 인플레이션의 정의인데, 과거 30년 동안 일본에서 일어난 것은 인플레이션과는 정반대의 일이었다. 물가가 내려 현금의 가치가 오르므로 수중에 들고 있는 편이 유리한 상황이 이어졌다. 게다가 재화의 값이 오늘보다 내일, 내일보다 모레에 더 내려간다면 누구든 싸게 사려고 하므로 결국 점점 물건을 사지 않게 되어 경제가 침체되었다.

그렇다면 왜 지금은 인플레이션으로 전환되고 있을까? 원인 중 하나는 돈의 양이 너무나 많아졌다는 데에 있다. 그렇다면 돈의 양은 어째서 많아졌을까?

그 원인을 더듬어 찾으면 지금으로부터 약 35년 전, 1987년 10월에 일어난 미국발 세계 동시 주가 폭락, 이른바 '블랙 먼데이'까지 거슬러 올라간다. 미국 주식이 단기간에 대폭락하면서 시장이 대혼란이 빠졌다. 이때 미국의 중앙은행인 FRB(미국 연방준비제도이사회)는 금융을 대폭 완화하여 유동성을 늘리는 개입 방식을 익혔다.

또 일본에서도 금융 완화에서 금융 긴축으로 전환하기 어려운 과거의 실패 경험이 있다. 일본은 1990년대 들어 주가가 하락하기 시작하고, 더불어 부동산 가격도 대폭락했다. 버블 경제는 어딘가에서 반드시 붕괴하기 마련인데, 붕괴의 방식이 큰 문제였다. 엉망진창으로 경착륙(경기의 급격한 감속)하고 말았던 것이다. 왜 경착륙하게 되었는가 하면 당시 미에노 일본은행 총재가 정책 금리였던 공정 이율을 2.5%에서 단숨에 6.0%까지 인상했기 때문이다.

당시에는 오히려 '버블 퇴치', '헤이세이 시대의 오니헤이(귀신 헤이조)' 등으로 일컬어지며 미에노 전 일본은행 총재의 수완은 언론 등에서 높게 평가되었는데, 버블이 붕괴하고 몇 년 지나자 이것이 얼마나 악수를 둔 꼴이었는지 알게 되었다. 쓰디쓴 실패의 경험으로 일본은행도 여간해서 금융 정책으로 전환하지 않는, 일종의 트라우마를 가지게 되었다.

그리하여 미국, 일본 두 나라는 그 후로도 몇 번이고 찾아온 경제 위기, 예를 들어 2000년의 닷컴 버블 붕괴, 2008년의 리먼 사태, 2020년의 코로나 위기 등이 대표적인데 그때마다 미국의 FRB는 대폭적인 금융 완화를 단행하여 금융 시장에 대량의 자금을 투입하여 밸런스 시트의 확대를 꾀했다.

특히 코로나 위기 이후의 금융 완화는 그야말로 압권

이다. 코로나 위기로 경기 후퇴가 일어날 것으로 본 FRB는 엄청난 기세로 통화 공급(money supply)을 늘렸다. 일본 역시 미에노 전 일본은행 총재가 저지른 금융 긴축 정책의 실패가 트라우마로 남아서인지 이러니저러니 30년 가까이에 걸쳐 금융 완화책을 이어왔다.

2022년 이후 세계적으로 인플레이션이 심해진 첫 번째 이유는 이 금융 완화로 인한 것이다. 한발 더 나아가 말하자면 코로나19라는 팬데믹에 전 세계가 너무나 과민 반응한 것도 원인의 하나라고 말할 수 있다. 세계 경제를 멈추게 하려는 난폭한 행동으로 반응한 탓에 경제 활동에 큰 상처를 남긴 결과가 되고 말았다. 그 후유증이 인플레이션인 셈이다.

코로나 전후로 180도 달라진 사회와 경제

그렇다면 지금과 같은 높은 물가는 어디쯤에서 진정될까? 미국의 FRB와 유로권의 ECB(유럽중앙은행, 유로권 20

개국의 금융 정책을 담당하는 중앙은행)가 단행하는 금융 긴축의 결과, 경기가 얼어붙으며 디플레이션 경제가 되어, 물가 그 자체가 코로나 이전 수준까지 내려갈 것인가?

이 질문에 대해서는 가능성이 제로라고 단언할 수 없다. 그러나 큰 문제는 이번 인플레이션이 단순한 수요 초과로 일어난 것이 아니라, 구조적인 요인을 내포하고 있다는 데에 있다. 단순한 수급 균형의 문제라면 시간의 경과와 함께 수급이 균형을 이루어 다시금 물가 수준이 낮아지겠지만, 이번 인플레이션은 지정학적 요인이 얽혀 있다. 구체적으로는 미국과 중국 간의 신냉전과 우크라이나 전쟁이다. 이것은 모두 구조적인 인플레이션 요인에 해당한다.

시곗바늘을 조금 뒤로 돌려 이번 인플레이션이 일어나기 전, 왜 세계적인 디플레이션이 가속화했는지 살펴보자.

가장 큰 요인은 중국의 존재다. '세계의 공장'이라고도 불리는 중국은 전 세계를 상대로 다양한 물건을 제조하여 수출했다. 그것도 값싼 노동력을 이용하여 매우 저렴한 가격으로 제품을 수출했다. 중국은 그야말로 인류 사상 최대의 디플레이션 수출 기계라고 말할 수 있을 정도였다.

그런데 최근 수년간 미국·유럽 각국과 중국, 자유주의 경제와 공산주의 경제, 혹은 더욱 정확히 말하자면 권위주의 경제라는 대립축이 첨예하게 맞서며 중국과 디커플링(탈동조화)하는 움직임이 나오기 시작했다. 디플레이션 수출 기계였던 중국을 공급 사슬(supply chain)에서 제외하게 되면 필연적으로 재화의 가격은 오를 수밖에 없다.

그리고 또 하나, 우크라이나 전쟁 문제가 있다. 우크라이나와 전쟁하고 있는 러시아는 세계 최대의 자원국 중 하나다. 유럽 각국은 러시아에서 파이프라인을 통해 천연가스를 수입하고 있었고, 팔라듐은 전 세계 생산량의 40%가 러시아에서 나온다. 또 반도체 제조의 레이저 광원에 이용되는 네온은 우크라이나가 전 세계 생산량의 70%를, 같은 용도의 크립톤은 러시아와 우크라이나를 합해서 전 세계 생산량의 80%를 차지하고 있다. 우크라이나와 러시아의 전쟁이 종결되지 않는 한, 혹은 획기적인 대체재가 나타나지 않는 한 러시아와 우크라이나에서 채굴되는 희소 자원의 가격은 계속 오를 것이다. 이것도 구조적인 인플레이션 요인이라고 말할 수 있다.

이러한 구조적인 인플레이션 요인이 계속 존재하는 한, 세계적으로 물가 수준은 코로나 이전의 상태로 돌아가지는 못한다.

그러면 머지않은 미래에 산업의 큰 변화가 일어날 것이다. 공급 사슬에서 중국을 제외하고, 자원과 에너지의 러시아에 대한 과도한 의존을 줄이려는 움직임이 미국과 유럽, 나아가 일본에서도 일어날 가능성이 있다. 그야말로 우리는 지금 역사적인 대전환점을 눈앞에 두고 있다.

지금이야말로 경제지표를 읽을 때

2008년의 리먼 사태로 인해 세계적으로 주가가 폭락한

때부터 헤아리면 2023년은 딱 15년이 되는 해다. 그 사이, 예를 들면 미국을 대표하는 주가지수인 S&P500의 차트를 보면 2020년 3월의 코로나 위기로 인해 순간 캔들 차트 상에서 길게 바닥을 맴도는 국면은 있었지만, 그 후 주가는 다시 고점을 계속 기록해나갔다. 미국 주식시장은 15년이라는 오랜 기간에 걸쳐 상승 경향을 그렸다고 볼 수 있다.

이와 비슷한 모습은 일본을 대표하는 주가지수인 TOPIX(일본 도쿄증권거래소가 산출, 발표하는 주가지수. - 옮긴이)와 닛케이평균주가에서도 볼 수 있다. 일본 주식시장의 경우 민주당 정권의 경제 정책 운용이 그저 그랬던 탓에 실제로 주가가 상승 경향에 접어든 것은 2013년부터이지만, 그래도 10년 가까이 주가는 상승 경향에 있었다.

이렇듯 장기 경향이 또렷하게 보일 때는 단순히 경향에 잘 편승하면 되는데, 지금은 경향이 큰 전환점을 마주하고 있다. 주가뿐만 아니라 세계 경제의 구조 자체가 크게 변하고 있다. 이러한 시기적 특성상 경제지표를 읽는 것이 중요하다. 왜냐하면 경제지표는 숫자를 들어 전환점에 들어섰음을 알려주는 힌트가 되기 때문이다.

그렇다면 투자자는 왜 지금부터 스스로 경제지표를 확인해야 하는가? 그 이유는 과거 몇 번이고 전문가라고 불리는 사람들에게 배신당했기 때문이다.

과거 몇 번의 큰 경기 침체가 있었다. 미국에서는 2000년의 닷컴 버블 붕괴와 2008년의 리먼 사태가 있었고, 일본은 이 두 번의 경기 침체와 더불어 1990년대의 부동산 버블 붕괴로 인한 장기 경기 침체가 있었다. 그리고 이 모든 상황에서 전문가라고 불리는 사람들은 입을 모아 '괜찮다, 심각한 경기 침체로 이어지지 않을 것이다' 하고 낙관적인 예측을 말했다. 특히 '셀사이드(sell-side)'라고 하여 주식이나 투자 신탁을 판매하는 증권회사에 속한 애널리스트와 이코노미스트, 투자전략분석가라고 불리는 전문가들은 자신들의 사업이 말라붙을 리스크가 있기 때문인지 일관되게 낙관적인 예측을 말해왔다.

가령 리먼 사태 때, 일본의 전문가는 입을 모아 '저것은 어디까지나 미국 부동산에 얽힌 문제이므로 일본에 불똥이 튈 리스크는 거의 없고, 대부분의 일본 기업은 미국의 부동산 담보 증권에 투자한 사실이 없다'라며 주장했는데, 실제는 이와 다르게 기업의 도산, 제조업을 중심으로 한 '파견직 해고'가 사회 문제가 되는 등 대대적인 악영향을 받았다.

그러한 의미에서 개인이 참고할 만한 의견을 밝히는 전문가가 일본에는 거의 없다. 앞에서 나온 셀사이드에 속한 전문가는 하우스 오피니언이라고 하여 자신이 소속한 회사의 견해밖에 말할 수 없으며, 실제로는 비관적인 상황임을 알면서도 그것을 표면적으로 밝힐 수 없는 구조다.

또 미국의 경제 뉴스 전문 방송국도 내세우는 예측은 항상 긍정적이다. 더욱 자신에 넘치는 예측을 할수록 광고주가 늘어나는 경향마저 볼 수 있다. 미디어 등에 출연하여 의견을 내놓는 전문가를 신용할 수 없게 되면 스스로 판단하는 수밖에 없다. 때문에 판단을 내릴 재료로 우선 경제지표를 읽는 힘을 기를 필요가 있다. 다행히도 지금은 경제지표 정보가 잘 정리된 형태로 발표되고 있으니 이것을 잘 이용하면 된다.

경제지표는 각 나라의 국가 기관에서 발표한다. 따라서 경제지표를 모두 파악하려고 하면 각 나라의 각 기관별 홈페이지에 들어가야 하지만, 최근에는 이러한 정보를 한데 모아 발표하는 사이트가 많이 있다. 증권사 등에서도 미국을 비롯한 세계 주요 경제지표를 정리해서 볼 수 있도록 해 둔 페이지가 마련되어 있다. 다시 말해 누구든 간단하게 경제지표를 체크할 수 있는 환경이 갖춰졌다는 것이다. 그런 마당에 이것을 이용하지 않을 이유가 없다.

더불어 앞서 말했듯이 지금은 경향이 크게 전환하는

이 책의 내용은 2023년 3월 시점을 바탕으로 한 것이다. 또한 필자 개인의 견해로, 필자가 소속한 기업과 업계 전체의 견해가 아니다. 정보를 이용한 결과로 어떠한 손해가 발생했을 경우, 필자와 출판사는 이유 여하를 불문하고 책임지지 않는다. 투자 대상 및 상품의 선택 등 투자에 관한 최종 결정은 스스로 내리기를 권한다.

시점이다. 투자자는 물론, 비즈니스의 최전선에 서 있는 사람도 전환점의 타이밍과 그 후에 이어질 방향성을 파악한 후에 경제지표를 체크하는 습관을 들여야 한다.

이 책을 통해 앞으로의 세계 인플레이션 시대를 헤쳐 나갈 지혜를 얻기를 바란다.

에민 율마즈

제1장

가장 중요한
경제지표는 무엇인가?

MUST-KNOW ECONOMIC INDICATORS
IN THE AGE OF INFLATION

경제지표를 읽기 전에 알아둘 점

앞서 경제지표가 향후 경제 상황의 전환점을 알려줄 것이라고 말했다. '경제지표'라는 한 단어로 표현했지만, 실로 많은 종류가 있다. 유효구인배율, 실업률 등의 고용 관련 지표, 기업물가지수와 소비자물가지수, GDP, 광공업생산지수, 기계수주통계, 일본은행 단기관측, 경기동향지표 등이 있으며 그 밖에도 여러 가지가 있다.

지금 언급한 것들은 모두 일본의 경제지표인데, 이와 비슷하게 미국에는 미국의, 중국에는 중국의 경제지표가 존재한다. 경제 활동과 금융 부문의 글로벌화가 진행되는 가운데, 필시 국내의 경제지표만 보아서는 세계 경제의 실상을 파악할 수 없다. 다시 말해 세계 경제지표도 꼭 이해해야 한다.

이렇게 강조하면 그만 '질려서' 경제지표를 공부하려는 열의는 어딘가로 사라질지도 모른다. 하지만 '경제지표'를 전문가 수준으로 이해하지 못한다고 투자를 할 수 없는 것은 아니므로 걱정하지 않아도 된다. 투자로 돈을 벌고자 하는 생각이라면 경제지표의 내용을 속속들이 이해하지 않아도 괜찮다.

그보다 중요한 것은 경제지표의 내용을 아는 것이 아니라, 경제지표로 나온 숫자를 어떻게 읽고 해석하는지다. 이때 일종의 '상상력' 비슷한 것이 필요할 때도 있다.

또 하나 중요한 것이 있다. 그것은 각기 다른 나라의 몇 가지 경제지표를 하나의 '흐름'으로 보는 센스다. 예를 들어 대만의 반도체 수주량이 떨어졌다고 하자. 왜일까? 대만에 반도체 제조를 발주하는 나라는 미국이다. 가령 애플과 같은 스마트폰과 태블릿을 제조하는 회사가 앞으로 세계적으로 경기가 침체하여 판매량이 떨어질 것이라고 예측한다면 당연히 반도체의 수요가 후퇴한다. 다시 말해 대만의 반도체 수주 동향은 세계 경제의 선행 지표인 격이다.

마찬가지로 일본 기업도 이에 해당한다. 반도체 공급망으로 설명하자면, 일본은 반도체의 원재료가 되는 실리콘 웨이퍼와 반도체 제조 장치에 강점을 가졌다. 그리

대만의 반도체 기업(TSMC 등), 수주 감소

연상 ▶ 미국의 스마트폰·태블릿 제조 기업의 실적이 떨어질지도 모른다.

실리콘밸리와 반도체 제조 장치 생산업체의 실적이 떨어지고 있다

연상 1 ▶ 한국·중국·대만의 반도체 제조 기업이 생산을 억제하고 있다.

연상 2 ▶ 스마트폰·태블릿 제조 기업이 생산과 출하를 보류하고 있다.

고 일본에 실리콘 웨이퍼와 반도체 제조 장치를 발주하는 곳은 어딘가 하면 중국 기업이나 한국의 삼성, 대만의 TSMC다. 실리콘 웨이퍼와 반도체 제조 장치를 만드는 일본 기업의 실적이 떨어지기 시작했다면 그것은 중국과 한국, 대만의 반도체 제조업체가 생산을 줄였기 때문이고, 그 근원을 찾아보면 결국 전 세계의 공급망을 지배하고 최종 제품의 생산과 출하를 조정하는 미국의 의향이 강하게 반영되어 있음을 알 수 있다.

먼저 미국 지표를 읽는다

필자는 일본 주식을 믿는 사람이다. 닛케이평균주가는 2050년까지 30만 엔이 될 것이라 믿어 의심치 않는다. 그 정도로 일본에 강한 신뢰감을 가지고 있다. 그러나 경제지표를 볼 때만큼은 미국 우선이다. 거시 경제의 흐름과 현상을 파악하기 위해 먼저 보아야 할 것은 미국의 경제지표다. 왜냐하면 세계 경제의 큰 흐름은 미국을 보지 않으면 알 수 없기 때문이다.

미국은 세계에서 가장 경제 규모가 큰 나라이자 강력한 군사력을 가지고 정치와 경제 정책 등의 면에서 리더 역할을 맡고 있다. 미국이 발표하는 경제지표가 특히 선행적인 움직임을 보이는 것은 아니지만, 거시적인 동향과 전환점은 역시 미국의 움직임을 보지 않고서는 알 수 없다.

예를 들어 중앙은행의 수장은 전 세계에 나라의 수만큼 있고, 그중에서도 특히 FRB 의장, 일본은행 총재, ECB 총재, BOE(영국중앙은행) 총재의 발언은 이목을 끄는데, 그중에서도 단연 주목 받는 것은 FRB 의장의 발언이다. FRB는 미국의 중앙은행으로, 전 세계에 달러의 유동성을 공급한다는 점에서 세계의 중앙은행이기도 하다. 따라서 어느 나라든 중앙은행 총재는 있지만 FRB 의장은 그중에서도 특별한 존재로, 다른 나라의 중앙은행 총재는 늘 FRB 의장의 의견에 귀를 기울인다.

그리고 이러한 경향은 중앙은행에 국한된 이야기가 아니다. 경영의 최전선에서도, 혹은 정치의 세계에서도 항상 미국은 각계의 리더와 같은 존재로, 일거수일투족 주목을 받는다.

미국 다음으로 주목해야 할 나라는 일본이다. 미국이 동향을 만든 후, 일본이 그 동향의 방향대로 정책 등의 방향키를 틀었는지 아닌지 하는 관점으로 일본의 경제지표를 확인한다.

그다음이 중국이다. 중국은 세계의 공장으로서 다양한 나라로부터 일감을 수주한다. 즉 중국의 제조업이 지금 경기 호조세인지 아니면 불경기로 신음하는지만 보면 세계 경제의 상황, 각국의 경기 동향을 대략적으로 알

수 있다.

마지막으로 EU(유럽연합)의 경제지표도 간단히 훑어본다. 미국과 일본, 중국에 비해 유럽연합의 존재감은 약하지만, 그래도 EU 전체로 보면 경제 규모가 미국의 70% 정도에 해당한다. 그 정도로 경제 규모를 가지고 있다. 따라서 무시할 수는 없다. 그중에서도 독일은 EU에서 가장 강한 경제력을 가졌다. 따라서 독일의 광공업생산과 PMI 지수(구매관리자지수) 등은 반드시 살펴본다(자세한 내용은 제3장 참조).

이상으로 각국의 경제 활동의 규모와 흐름을 설명했다. 투자자인 여러분은 우선 미국의 경제지표를 보는 것이 가장 중요하다. 일본은행 단기관측과 일본의 고용 관련 통계, GDP 등은 일본의 신문 등에 크게 보도되기도 하지만, 투자 시장에 미치는 영향력이라는 점에서는 미국의 경제지표에 비할 바가 못 된다.

아무리 일본의 고용 관련 통계가 호조세를 보여도 미국의 고용통계 중 하나인 '비농업 부문 고용자 수(nonfarm payrolls)'의 숫자가 호조세를 보이면 엔화를 사들이기는커녕 대량으로 팔아치운다(55쪽에서 상세하게 설명한다). 일본의 경제가 최고조라도 엔화는 매도되는 것이다. 그만큼 미국 경제가 세계 경제에 미치는 임팩트는 크다고 할 수 있다.

현실이 이러한 이상 소소하게 일본의 경제지표를 체크할 필요는 거의 없다. 우선은 미국의 경제지표 중 꼭 알아야 하는 것부터 살펴보면 된다. 또 미국의 많은 경제지표를 모두 이해할 필요도 없다. 특히 시장에 강한 임팩트를 주는, 다음 장에서 설명할 12가지 경제지표만 이해해 놓으면 첫 단계는 완료다.

미국 경제지표 중 무엇이 중요한지에 대해서는 다음 장 이후에서 자세히 설명하므로, 이번 장에서는 대략적인 '전체상'을 설명하기로 한다.

시장을 크게 뒤흔드는 미국 고용통계

어찌 되었건 중요한 것은 미국의 '고용통계'다. 이 장에서 '중요'하다고 하는 것은 모두 '시세를 볼 때 중요하다'는 의미라는 점을 염두에 두고 읽어나가기를 바란다.

고용통계는 매월 첫째 주 금요일에 발표된다. 미국 시각으로 오전 8시 반인데, 이것은 우리의 오후 9시 반에 해당한다(여름 시각일 때, 겨울 시각으로는 오후 10시 반). 이 시각에 미국 달러/엔화의 환율을 실시간으로 보고 있으면 발표 전후로 환율이 격렬하게 요동치는 것을 알 수 있다.

고용통계에서는 다양한 숫자가 발표되는데, 특히 주시해야 할 것이 '비농업 부문 고용자 수', '실업률', '노동참가율'의 세 가지다. 경제적으로 큰 이슈가 없는 평소에는 우선 고용통계가 중시된다.

한편 그때그때 경제 정세에 따라 큰 이슈가 있을 때는 그와 관련된 경제지표가 주목을 모은다. 예를 들면, 2022년 이후 미국에서는 인플레이션이 가속화했다. 이럴 때는 고용통계는 물론, 물가 상승률에 관한 관심이 높아진다. 미국에서는 '소비자물가지수'와 'PCE(개인소비지출)'라는 두 가지 지표가 주목받는다.

기본적으로 물가 상승률이 낮을 때는 이들 인플레이션 관련 경제 통계는 거의 주목받지 못한다. 다만 2022년과 같이 인플레이션이 심해지면 금융 정책이 변경되므로 단번에 이목을 끌게 된다.

또 미국에서 인플레이션이 발생했을 때는 그것이 미국 국내 특유의 현상인지, 아니면 세계적으로 인플레이션 경향이 있는지 파악해둘 필요가 있다. 이때 미국의 물가 동향을 확인하고 이어서 유로권, 일본, 중국 순서로 물가 상승률을 살펴본다.

한편 물가에는 '소비자물가지수' 외에 '생산자물가지수'라는 지표가 있다. 소비자물가지수는 소비자가 서비스나 제품을 구입할 때의 물가 동향을 나타내는 것이다. 그리고 생산자물가지수는 기업 간에 원재료 등을 거래할 때의 물가 동향을 나타낸다. 덧붙여 일본에서는 '기업

물가지수', 다른 나라에서는 '도매물가지수'로 표현되기
도 한다.

생산자물가지수는 사실 소비자물가지수만큼 중시되
지는 않는다. 그러나 소비자물가지수와 생산자물가지수
간에 괴리가 생겼을 때는 조금 주의해서 봐두는 것도 좋
다. 예를 들어 2022년 12월 일본의 기업물가지수는 전
년 동월 대비 10.2% 상승한 데에 비해 소비자물가지수
는 전년 동월 대비 4.0%의 상승에 그쳤다. 다시 말해 이
차이에 해당하는 6.2%의 물가 상승분을 기업이 경영 노
력으로 흡수했음을 의미한다. 그러나 계속 무리할 수는
없는 법이므로 어딘가에서 소비자물가지수에 반영될 것
이라는 추측을 하게 된다.

이제 고용통계와 물가의 경제지표를 확인하고 나서
미국의 '소매 매출액'을 본다. 왜냐하면 미국 경제는 경
제 활동의 대부분, 약 70%를 개인 소비가 차지하므로 소
매 매출액의 동향은 확인할 필요가 있다. 그만큼 개인의
소비 의욕이 강하다는 것을 의미한다.

비슷하게 일본도 해당하는데, 일본의 소비 의욕은 그만큼 강하지 않으므로 그 동향이 시장에 미치는 영향은 한정적이다.

광공업생산지수는 중국을 주목한다

고용통계와 물가, 소매 매출액은 대체로 개인 소비의 강도와 관계되어 있다. 고용의 좋고 나쁨은 개인 소비에 영향을 미치고, 소비자물가가 너무 높으면 소비는 서서히 위축된다. 또 개인 소비가 위축되면 소매 매출액은 자연스레 침체된다.

이러한 개인 소비의 좋고 나쁨을 바탕으로 재화를 생산하는 움직임이 어떻게 될지를 중시하는 지표가 '광공업생산지수'다. 다만 광공업생산지수는 미국보다 중국의 숫자가 중요하다. 왜냐하면 미국의 경우 산업 구조가 서비스업에 편중되어 있고, GDP에서 제조업이 차지하는 비율이 낮기 때문이다(2020년 시점 10.8%). 이 점에서 중국은 이른바 '세계의 공장'으로서 다양한 물건을 만들어 전 세계에 수출하고 있으므로 중국의 광공업생산지수는 제조업 측면에서 본 세계 경제의 선행 지표가 된다. GDP에서 차지하는 제조업의 비율로 말하자면 중국에 이어 일본, 유로권, 그리고 미국의 순서로 이어진다.

제조 면에서 광공업생산지수 다음으로 주시해야 할 지표가 'PMI 지수(Purchasing Managers Index, 구매관리자 지수)'라고 불리는 것이다. PMI에는 종합 PMI와 제조 PMI, 서비스업 PMI가 있다. 이것은 각국의 경제 구조에 따라 구분된다. 예를 들어 중국과 일본이라면 제조업 PMI가 중심이 되고, 미국이라면 제조업보다 서비스업이 중심이므로 서비스업 PMI를 확인하게 된다. 또 PMI는 미국에서는 발표하는 조직의 이름에서 따서 ISM이라고도 불린다. 가리키는 바는 같다(제2장 ISM 참조).

이렇듯 소비하는 쪽이 아니라 재화와 서비스를 제공하는 측의 상황을 나라별로 파악할 때는 그 나라의 경제 구조 차이에 따라서 제조업을 중시할지 아니면 서비스업을 중시할지 달라진다. 예를 들어 제조업이라면 앞서 말했듯이 중국이 세계에서 가장 많은 재화를 만들어

전 세계에 수출하고 있으므로 광공업생산지수와 제조업 PMI는 우선 중국의 숫자를 본다. 그리고 일본, 유로 경제권, 마지막으로 미국과 같은 순서로 살펴본다.

또 서비스업에 대해서는 이미 미국이 압도적이다. 최근에는 서서히 일본도 서비스업 분야가 늘고 있지만, 미국의 개인 소비는 대단히 규모가 크고, 그만큼 세계 경제에도 큰 영향을 미치고 있으므로 미국의 서비스업 PMI는 잘 확인하기를 바란다.

GDP는 후행하는 성격이 강하다

그 밖에도 세세한 경제지표는 많이 있는데, 기본적으로는 앞서 설명해온 고용과 물가, 개인 소비, 생산 관련 경제지표를 짚어두면 첫 단계는 완료다.

그 외의 경제지표에 대해서 군이 언급하자면 일본이라면 '유효구인배율'이 국내 경기의 동향을 파악하는 데에 다소 도움이 되기도 하고, 외국인 투자자가 좋아하는 일본의 경제지표로는 '일본은행 단관'을 꼽을 수 있다(각

각 제2장, 제3장에서 자세히 다룬다).

일본은행 단관은 외국인 투자자 사이에서도 '단관'의 일본어 발음인 '탄칸(TANKAN)'이라 불리며 일본어 그대로 통용될 정도로 잘 알려진 경제지표다. 외국인 투자자가 항상 확인하는 만큼 그 동향이 시장에 미치는 영향도 크므로 일단 훑어보는 편이 좋다.

또 신문 1면에 큰 글씨로 자주 게재되는 'GDP(국내총생산)'는 경제 규모의 실태를 파악하는 데에 있어서 정확하고 중요한 경제지표로 분기에 한 번 발표되는데, 가령 1분기(1~3월)의 숫자가 4월에 발표되므로 후행 지표라는 점을 인지하고 확인하는 것이 중요하다.

발표된 GDP의 결과를 보고 시장이 크게 움직이는 일은 과거에도 거의 없었다. 거시 경제 분석을 생업으로 하는 사람이라면 모를까, 주식 투자와 외환 투자로 자산을 불리고 싶은 사람에게는 그렇게 중요하지 않다.

그 밖에도 과거부터 추이를 파악할 필요가 있는 지표로는 '경상 수지'가 있다. 경상 수지란 해외와의 무역과 투자로 그 나라가 얼마나 돈을 벌었는지를 나타내는 수

치다. 주가에 미치는 영향은 그렇게 크지 않지만, 외환 투자를 하는 사람은 일단 훑어보기를 권한다.

그도 그럴 것이, 과거부터 이어지는 경향을 보고 경상 수지의 흑자가 감소하거나 적자로 전환했을 때 환율 경향에 영향을 미치는 일이 있기 때문이다. 그중에서도 일본의 경상 수지의 숫자가 악화로 향할 때는 대부분의 상황에서 엔화가 매도세를 보인다.

금리와 중앙은행의 동향을 파악한다

시장(마켓)의 움직임도 경제의 움직임을 읽을 때 참고가 된다. 특히 시장은 지금까지 설명한 경제지표와는 달리 매일, 시시각각 숫자가 변동된다. 따라서 그 어떤 경제지표보다도 선행성을 띤다.

시장에서 주목해야 할 것은 '금리'다. 금리라고 해서 정기 예금 이율은 아니다. 채권시장에서 말하는 채권의 이율에 주목한다. 채권시장에서는 1년물, 2년물, 5년물, 10년물, 20년물, 30년물 등 상환까지의 기간이 다양한

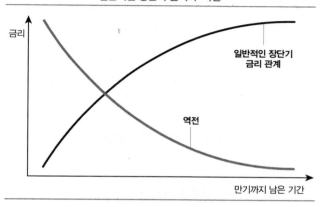

금리

일반적인 장단기
금리 관계

역전

만기까지 남은 기간

채권이 거래된다. 그중에서 주목할 것이 2년물과 10년물과의 관계다. 일반적으로 상환까지 기간이 짧을수록 금리는 낮아지는데, 때때로 '역전(reverse yield)'이라고 해서 상환까지 기간이 짧은 채권 금리가 장기물 금리보다 높아지는 일이 있다. 이러한 상황은 앞으로 경기가 악화할 신호라고 해석된다(자세한 내용은 제3장 참조).

채권시장은 주식시장과 비교해 약 2배의 규모로, 시장에는 많은 전문 투자자가 참가한다. 게다가 채권 투자자는 주식 투자자보다 장기적 관점을 가지고 각국의 펀더

멘탈(경제 상황을 나타내는 기초적 요인)에 따라 운용한다. 한편 주식 투자자는 장기적인 펀더멘탈보다도 눈앞의 심리적 예측에 좌우되는 경향이 있으므로, 주가보다도 금리가 경기의 앞날을 정확히 반영하여 움직인다고 말할 수 있다.

금리가 나온 김에 덧붙여 말하자면 각국 중앙은행의 움직임도 한번 봐두면 좋다. 미국이라면 FRB, 일본이라면 일본은행, 유로권은 ECB, 그리고 중국의 인민은행이다. 이 네 곳의 중앙은행이 세계 금융을 움직이고 있다고 해도 과언이 아니다. 예를 들어 FRB라면 FRB의장, 일본은행이라면 일본은행 총재가 정기적으로 의견을 내놓는다. 그 말속에는 각국의 중앙은행이 앞으로 세계 경제를 어떻게 보고 있는지와 같은 내용이 담겨 있으므로 뉴스에 등장하면 홈페이지 등에서 다시 확인하는 것이 좋다.

참고로 중앙은행에서 주목할 순서는 미국 FRB, 일본은행, ECB, 인민은행이다. 특히 미국의 FRB와 일본은행은 전 세계의 국가와 '스와프 협정'을 맺고 있다. 이것은 협정을 맺은 나라에서 달러 자금이 필요할 때, 그 나라에 달러 자금을 공급한다고 확약한 협정이다.

이 협정을 많은 나라와 체결한 것이 미국 FRB와 일본 은행이다. 바꿔 말하자면 FRB와 일본은행은 세계의 중앙은행 격의 역할을 맡고 있으며, 그만큼 두 중앙은행의 동향은 ECB와 인민은행 이상으로 중시되어야 할 존재라고 말할 수 있다.

주식, 채권, 외환시장 모두 미국 지표를 주목한다

지금까지 가볍게 훑어본 경제지표에 대하여 제2장부터 더욱 깊이 있게 설명해 나갈 텐데, 투자를 하는 데 있어서 우선 주목해야 할 것은 미국의 경제지표다. 주식시장에서도 채권시장에서도, 혹은 외환시장에서도 시장에 참가한 투자자가 항상 주목하는 것은 '미국 경제가 앞으로 좋아질지 아니면 나빠질지'다. 따라서 주가와 금리, 환율은 미국의 경제지표가 발표될 때마다 크게 변하는 경향이 엿보인다. 따라서 다음 제2장에서 다룰 내용은 미국의 특히 주요한 경제지표다.

다만 미국의 경제지표가 어떻게 될지 앞날을 예측할 때 참고가 되는 것이 일본과 중국의 경제지표다. 앞서 말했듯이 일본과 중국의 광공업생산지수는 세계의 재화 생산의 움직임에 한발 앞서 변동한다. 다시 말해 일본과 중국의 경제지표를 힌트로 앞으로 경제의 움직임이 어떻게 될지 등, 대략적인 예측을 덧붙여 미국의 경제지표에 무언가 변화가 보이면 포지션을 정한다.

이러한 이미지를 머릿속에 떠올리며 제2장으로 넘어가자.

MUST-KNOW ECONOMIC INDICATORS
IN THE AGE OF INFLATION

12

제2장

반드시 봐야 하는
미국의 12대 경제지표

MUST-KNOW ECONOMIC INDICATORS
IN THE AGE OF INFLATION

발표되는 주요 경제지표(2023년 2월 기준)

1월	1일	ADP 고용자 수
1월	1일	ISM 제조업지수
1월	3일	고용통계
1월	14일	소비자물가지수(CPI)
1월	15일	소매 매출액
1월	15일	광공업생산지수
1월	16일	주택 착공·허가 건수
1월	17일	경기선행지수
1월	24일	개인 소비 지출(PCE)
1월	27일	내구재 수주
2월	10일	미시간대 소비자심리지수
2월	28일	소비자신뢰지수

I

고용통계
주가와 환율에 큰 영향을 미치는 요주의 경제지표

수많은 경제지표 중에서도 미국의 고용통계만큼 주가와 환율에 큰 영향을 미치는 것은 없다. 가장 중요한 지표라고 말할 수 있다. 발표는 기본적으로 매달 첫째 주 금요일이다. 미국 시각으로 오전 8시 반에 발표된다. 시차 관계상 우리가 그 결과를 알 수 있는 것은 금요일 밤이다. 그리고 서머타임 기간 이외에 적용되는 겨울 시간 기간은 오후 10시 반이 우리 시각으로 미국 고용통계가 발표되는 시간이다.

왜 고용통계가 중시되는가 하면 첫 번째로 매우 실시

특히 중요한 항목은 실업률(Unemployment rate), 비농업 부문 고용자 수(nonfarm payrolls), 노동 참가율(labor force participation rate).

간성 지표이기 때문이다. 발표되는 것이 매달 첫째 주 금요일이므로 요일의 위치에 따라 달라지기도 하지만, 전월 말과 그렇게 긴 기간을 두지 않고 전월의 내용이 발표된다. 많은 경제지표는 집계가 끝나고 발표되기까지 얼마간의 시일이 필요하므로 다소 후행하는 경향이 있는데, 고용통계는 거의 시차가 없다.

고용통계가 중요하게 여겨지는 또 하나의 이유는 상당히 상세한 리포트가 나온다는 데 있다. 고용통계라고 하면 실업률과 비농업 부문 고용자 수의 숫자를 주목하기 마련인데, 실은 이 두 가지 숫자 외에도 상세한 리포트가 나오기 때문에 고용통계를 이코노미스트나 기관 투자가에서 운용을 담당하는 사람들이 중시한다.

영문으로 표기되므로 실제로 이것을 읽기 위해서는 미국 노동부 노동통계국의 홈페이지에 접속해야 한다. 영어가 익숙하지 않은 개인 투자자에게는 다소 어렵게 느껴질 수 있다. 그러나 기관 투자가나 이코노미스트 등 시장에 관련된 사람 대부분이 주목하고 있으므로, 그만큼 시장에 큰 영향을 미친다는 점을 감안하여 적어도 숫자만이라도 봐두면 좋을 것이다.

'실업자'의 정의를 알아두자

미국 노동부는 고용통계를 작성하기 위해서 약 6만 세대, 44만 개의 법인과 기관에 연락하여 조사한다. 전자를 가계 조사, 후자를 사업체 조사라고 한다. '지금 일하고 있는가', '일하고 있다면 전일제인가 아니면 시간제인가', '일하지 않는다면 그 기간은 얼마나 되었는가'와 같은 질문을 해나가는데, 그중에서도 포인트는 '최근 한 달 간 구직 노력을 했는가' 하는 질문이다.

　미국의 '노동력'에는 정의가 있다. 그것은 '일거리를 활발하게 찾는 사람'이다. 그리고 한 달간 일거리가 없 는 사람이 스스로 일거리를 찾기 위한 노력을 계속 했는 데도 일을 찾지 못한 경우, 노동력 중에서 실업자로 집 계된다.

　2008년 9월에 발생한 리먼 사태에서는 2008년 5월경 부터 고용 정세에 악영향이 나타났다. 2009년 10월까지 의 기간에 걸쳐 실업자가 증가하고 실업률은 10%까지 상승했다. 특히 24세 이하 청년 노동자에게 큰 악영향이 미쳐, 2009년 3월에 청년 노동자의 실업률은 11.3%까지 상승했다.

　이 리먼 사태에서는 경기가 회복세를 찾지 못하고 고 용도 개선되지 않았다. 그런 와중에 구직을 그만둔 사람 도 다수 발생했다고 한다. 구직 노력을 하지 않은 사람은 노동력으로 인정되지 않으므로 그 사람들의 실업은 실업률에 집계되지 않는다. 따라서 가령 실업률이 개선 경향을 보였다고 하더라도 구직을 포기한 실업자가 어느 정도 있는지도 고려하여 생각할 필요가 있다.

또 설문조사 형식이므로 답하는 사람이 올바르게 답했는지 아닌지의 문제도 있지만, 일단 6만 명을 대상으로 하므로 이렇게 산출된 숫자의 정확도는 어느 정도 높다고 보아도 좋을 것이다.

고용통계로 경기의 전환점을 판단

고용통계의 하나인 '비농업 부문 고용자 수'의 숫자는 시장 관계자가 항상 주시하는 경제지표다. 이것은 자영업자와 농업 종사자를 제외한 고용자 수의 증감을 전월 대비로 보는 지표로, 대체로 15만~20만 명 증가일 때 호조로 본다. 반대로 경기가 악화되면 전월 대비 큰 폭으로 감소하기도 하는데, 경기 후퇴가 마지막 국면에 다다르면 비농업 부문 고용자 수의 숫자는 서서히 상승한다. 경향으로 보아 상승하는 낌새가 보이면 불경기도 겨우

끝에 가까워졌다고 판단한다.

경기는 일반적으로 '확대 국면'과 '후퇴 국면'이 있고, 이것의 반복을 경기 사이클이라고 칭하는데, 미국에서는 이것을 NBER(전미경제연구소)이라는 기관이 판단한다. 일본에서는 내각부가 이 일을 맡고 있다.

미국에서는 1854년 이후 34번의 경기 사이클이 있었고, 제2차 세계대전 이후에는 12번의 경기 사이클이 있었다. 그중에서 경기 침체 기간을 평균치로 보면 대체로 11개월 정도로 일컬어진다. 따라서 미국의 경기가 침체에 빠지고 나서 11개월 정도의 시간이 경과한 후, 비농업 부문 고용자 수의 숫자가 상승하는지 어떤지를 확인한다. 만일 상승했다면 드디어 침체도 끝에 가까워졌다고 판단한다. 그러한 의미에서 경기의 전환점을 파악하는 데에 중요한 경제지표라고 할 수 있다.

그 밖의 고용통계에 관련된 숫자로 꼭 봐두어야 할 것은 제조업 노동시간이다. 제조업은 비교적 경기에 민감한 구석이 있으므로 경기가 전환되는 신호가 된다. 구체적으로는 제조업 노동시간이 40시간을 넘으면 경기 확대 국면의 신호로 본다. 이것은 사업체 조사로 알 수 있다.

또 이것은 약간 마니악한 이야기인데, 트럭 기사의 수요가 높아지면 그만큼 물류가 활발하다는 증거이므로 경기는 확대 국면을 향한다고 판단할 수 있다. 또한 아이 돌봄 서비스 분야의 어린이집 직원 모집이 늘어나면 역시 경기가 확대되고 있다고 판단할 수 있다.

외벌이 가정이라면 아이 돌봄 서비스의 이용 수요는 기본적으로 없지만, 맞벌이 가정이라면 이러한 서비스는 필수다. 아이 돌봄 서비스 분야의 직원 모집 증가는 맞벌이가 가능할 정도로 사람을 고용하는 의욕이 기업 측에 있음을 의미하므로 경기가 확대 국면에 있다고 보는 것이다.

고용통계가 시장에 미치는 영향

고용통계 숫자가 시장에 미치는 임팩트는 전적으로 '사전 예상'의 숫자와 실제 숫자와의 괴리가 어느 정도인지에 따라 달라진다. 사전 예상에 대해서 큰 폭으로 플러스 괴리가 생긴 경우는 주식시장에서 '포지티브 서프라이즈'로 작용하여 주가는 대폭 상승한다.

예를 들어 평소에 비농업자 부문 고용자 수의 사전 예상이 전년 대비 20만 명 증가였는데, 실제 증가한 숫자가 50만 명이었다면 사전 예상을 대폭 웃도는 숫자이므로 이것은 포지티브 서프라이즈다. 따라서 주가는 크게 상승할 것이다. 반대로 사전 예상이 20만 명 증가였는데, 실제 숫자가 10만 명 증가였다면 이것은 명백히 네거티브 서프라이즈로 받아들여져 주가는 크게 떨어진다.

그러나 경기가 매우 과열되었을 때 비농업자 부문 고용자 수의 실제 숫자가 대폭 증가하거나 하면, 머지않아 FRB가 인플레이션을 억제하기 위해 금융 긴축 정책을 펼칠 가능성이 높다는 예측이 작용하여, 반대로 금리 상승을 기피하여 주가가 낮아지는 예도 있으므로 케이스

바이 케이스인 면이 있는 것도 사실이다. 이것은 미국 시장의 2022년 후반 이후에 보이는 현상이다.

채권 가격과 이율의 관계

다음으로 채권시장의 반응인데, 이것은 주식시장과는 반대의 움직임을 보인다. 다시 말해 고용통계의 숫자가 사전 예상보다도 좋으면 채권 시세는 급락한다.

채권의 세세한 논리는 외우지 않아도 되는데, 이 두 가지만 머릿속에 넣어두면 된다.

① 금리가 상승하면 채권 가격은 내려간다.
② 금리가 하락하면 채권 가격은 오른다.

채권은 상환까지 보유하면 정기적으로 이자가 지급되고 상환일에는 액면에 표시된 금액으로 원금이 돌아온다.

하지만 상환까지 보유하지 않아도 채권시장에서 채권

을 매각하면 이것을 사고 싶어 하는 투자자가 사들인다. 채권을 사고팔 때 적용되는 것이 채권 가격인데, 예를 들어 액면 금액이 100엔인 데에 비해 금리의 동향에 따라 101엔에 거래되기도 하고 99엔에 거래되기도 한다. 액면 금액이 100엔으로 고정, 이율도 고정이라면 샀을 때의 채권 가격이 얼마인지에 따라 최종적인 채권의 이율도 변동된다. 당연히 채권 가격이 액면 금액을 넘으면 이율은 떨어지고, 채권 가격이 액면 금액을 밑돌면 이율은 상승한다.

그렇다는 것은 고용통계의 숫자가 매우 탄탄하다면 미래에 인플레이션 리스크가 높아질 우려가 있다고 여겨져 채권시장에서 매매하는 투자자 대다수가 들고 있는 채권을 매각하려고 한다.

금리 상승이 예상되고 이에 따라 채권 가격의 하락이 예상되기 때문이다. 그 결과 채권 가격이 하락하면 이율이 상승한다. 이것이 고용통계의 숫자가 호조일 때는 주가는 상승하는 한편, 채권 가격에는 하락 압력이 작용하는 로직이다.

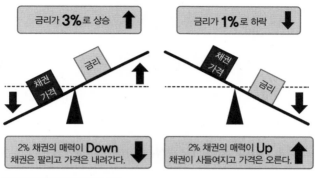

채권 가격(이율은 2%로 가정)과 금리의 관계

금리가 **3%**로 상승 ⬆

금리가 **1%**로 하락 ⬇

채권
가격

금리

채권
가격

금리

2% 채권의 매력이 **Down** ⬇
채권은 팔리고 가격은 내려간다.

2% 채권의 매력이 **Up** ⬆
채권이 사들여지고 가격은 오른다.

일본증권협회의 교재를 바탕으로 작성.

　단, 이것도 경기가 지금 어떤 상황인지에 따라서도 다르다. 가령 경기 침체에서 이제 막 벗어난 때라면 아무리 고용통계의 숫자가 좋다고 하더라도 시장 관계자는 경기가 과열되었다고는 생각하지 않으므로 채권시장에 미치는 영향은 경미한 수준에 그친다. 금융 긴축으로 전환하리라 예측하지 않으므로 채권 가격은 내려가지 않는다.

　즉 주가와 채권 가격은 고용통계의 숫자가 좋았다고 해서 곧바로 '주가 상승', '채권 가격 하락'으로 이어지지는 않고, 그때의 경기가 어떤 국면에 있는지를 살피고 나서 움직인다.

환율은 솔직하게 반응한다

이에 비해 경기의 현상 등을 전혀 고려하지 않고 단순히 고용통계의 숫자가 좋으면 사고, 나쁘면 파는 시장이 외환시장이다. 외환시장에서는 다양한 통화가 매매되는데, 비농업 부문 고용자 수는 미국의 경제지표이므로 그 결과는 말할 나위 없이 미국 달러의 가격 변동에 영향을 미친다.

예를 들어 미국 달러/엔화 환율에 관해서 말하자면 비농업 부문 고용자 수가 큰 폭으로 늘면 미국 달러는 매수세를 보이고, 반대로 대폭으로 증가 수가 줄어들면 미국 달러는 매도세를 보인다.

반복해서 말하자면, 이것은 지금 경기가 과열 낌새를 보이는지 아니면 침체에서 벗어나 회복 국면으로 접어들었는지는 아무런 관계가 없다.

일본의 유효구인배율에 대하여

일본의 고용 관련 통계에 대해서도 간단히 훑어보자. 사실 일본에서도 고용에 관한 경제지표는 정기적으로 발표된다. 실업률과 유효구인배율이 이에 해당한다. 솔직히 미국의 지표와 비교하여 시장에 미치는 영향이 거의 없으므로 투자할 때 거의 무시해도 좋을 정도이기는 하지만, 일본의 경기 사이클을 파악할 때 중요시되는 것이 바로 '유효구인배율'이다.

유효구인배율은 일자리를 찾는 1명에 대하여 몇 건의 구인이 있는지를 나타낸 수치다. 다시 말해 취직이 얼마나 쉬운지를 파악하기 위한 경제지표다. 예를 들어 구직자가 100명 있고 구인이 150건 있다고 하면 유효구인배율은 1.5배가 된다.

과거의 숫자를 보면 버블 경제가 정점을 맞은 1990년, 유효구인배율은 최고 1.43배까지 상승하고 그 후 버블 붕괴로 인해 크게 하락하여 1999년에는 0.34배까지 악화했다. 이때는 '취직 빙하기'라고 일컬어지던 시기다. 그 후 서서히 회복하긴 했지만 리먼 사태 후인 2009년 5

월에는 유효구인배율이 사상 최저인 0.32배까지 하락했다. 이 숫자에서 1990년의 최고치를 경신한 것이 2018년의 1.62배였다.

이렇듯 유효구인배율의 상승·하락을 보고 있으면 거의 일본의 경기 사이클과 꼭 맞아떨어진다는 사실을 알 수 있다. 일본의 경기 사이클이라는 지극히 한정적인 상황 판단에만 쓸 수 있지만, 그래도 일단 머릿속에 넣어두어서 손해 볼 일은 없다.

이틀 일찍 고용통계를 예측하는 ADP 고용통계

고용통계는 미국 정부가 작성·발표하는 경제지표인데, 한 민간 기업이 작성·발표하는 고용통계도 있다. 그것이 'ADP 고용통계'다.

ADP란 Automatic Data Processing이라는 40만 개 이상의 회사의 급여 계산을 대행하는 기업이 공식적인 고용통계 이틀 전에 발표하는 자료다. 고용통계는 매달 첫째 주 금요일에 발표되므로 ADP 고용통계는 그 이틀 전인 매달 첫째 주 수요일에 발표된다.

40만 개 이상의 회사의 급여 계산이라고 하면, 미국 노동자로 환산하여 말하면 6명 중 1명이 이 급여 계산 대행 서비스에 해당하는 셈이다. 대단히 큰 규모의 데이터베이스라고 말할 수 있다.

게다가 공식적인 고용통계는 설문조사에 의한 것이지만, ADP 고용통계는 실제 급여 데이터를 바탕으로 계산되므로 데이터의 정확도가 대단히 높다. 그것이 공식적인 고용통계 이틀 전에 발표되므로, 조금이라도 빨리 포지션을 취하려는 시장 관계자에게는 관심도 높은 경제지표 중 하나가 된다. 가령 외환 거래를 하는 사람이라면 ADP 고용통계의 숫자를 보고 이틀 후에 발표될 공식적인 고용통계가 어떻게 될지를 대략적으로 판단할 수 있다.

다만 ADP 고용통계와 공식적인 고용통계 사이에 결과가 다른 경우도 있으므로 주의가 필요하다. 전문가가 아닌 한 금요일에 발표되는 공식적인 고용통계를 봐두면 그것으로 충분하다.

신규 실업급여 신청 건수

실업급여의 신청 건수가 나타내는 고용의 실태

예전부터 있었던 경제지표 중 하나인데, 최근 들어 세간의 주목을 받게 된 미국의 경제지표가 바로 '신규 실업급여 신청 건수'다. 명칭에서 알 수 있듯이 신청된 실업급여의 건수를 추적한 것이다. 실업급여의 신청 건수가 늘어난다는 것은 다시 말해 실직한 사람이 늘어났다는 것과 같은 의미이므로, 경기가 침체에 들어섰을 가능성이 높다고 판단한다.

왜 이 경제지표가 다시금 주목받게 되었는가 하면, 첫 번째 이유는 일치 지표로 정확도가 높기 때문이다. 어쨌든 매주 발표되므로, 발표 빈도가 1개월에 1번인 고용통계에 비해 실시간성이 높다는 특징이 있다. 다시 말해 지금 경기가 어떠한 상황에 있는지를 가장 실시간에 가깝게 빠르게 파악할 수 있다.

이 숫자를 볼 때의 포인트는 여러 주에 걸쳐서 신청 건수가 40만 건을 넘은 경우는 경기 악화 국면에 있고, 반대로 장기에 걸쳐 신청 건수가 37만 건을 밑돌 때는 경기 회복 국면에 있다고 판단할 수 있다.

또 이 숫자를 볼 때의 주의점을 덧붙이자면, 매주 발표된다는 데에 문제가 있다는 것이다. 분명 시의적절한 상황을 파악하기 위해서는 빈도가 잦은 편이 좋겠지만, 그만큼 숫자의 노이즈가 커질 우려가 있다. 이러한 경향이 있으므로 실제로 신규 실업급여 신청 건수를 볼 때는 1주일간의 숫자로 판단하는 것이 아니라, 여러 주의 경향을 살피는 편이 좋다.

3

소매 매출액
수치화된 미국인의 소비 의욕

소매 매출액은 미국의 경기를 읽을 때 중요한 경제지표 중 하나다. 왜 중요한가 하면 미국에서는 개인 소비가 GDP의 70%를 차지하기 때문이다. 다시 말해 경제 활동의 70%가 개인 소비에 의해 움직여진다는 뜻이다.

그리고 소매 매출액은 개인 소비 전체의 3분의 1 정도를 차지한다. 소매 매출액이 호조세를 보이면 주가에는 플러스, 채권에는 마이너스, 환율에는 달러 가치가 높아지는 요인으로 작용한다. 소매 매출액이 호조라는 점은 미국의 경기가 좋음을 나타내기 때문이다.

다만 주의할 점이 있다. 소매 매출액으로 파악할 수

있는 내용은 백화점이나 슈퍼마켓에서의 판매, 주유소, 식당 등 구체적인 물건을 통한 소비 동향으로, 비행기를 타고 떠나거나 어딘가 여행을 가거나 미용실에 가거나 영화를 보거나 콘서트에 가는 등 서비스에 관한 소비에 대해서는 파악할 수 없다.

또 숫자가 명목치라는 점도 주의해야 한다. 명목치란 물가 상승률을 가미하지 않은, 있는 그대로의 숫자라고 보면 된다. 명목치에서 물가 상승률을 뺀 숫자가 '실질 값'이라 불린다. 명목치와 실질값은 경제지표를 볼 때 기본이므로 외워두자.

실질값 = **명목치 − 물가 상승률**

예를 들어 소매 매출액이 전년 동월 대비 8% 증가세를 보였다고 하자. 8%의 증가는 상당히 소비 의욕이 왕성한 것으로 보이지만, 같은 기간에 물가가 8% 상승했다면 어떨까. 소매 매출액의 상승률은 모두 물가 상승으로 유발된 것에 지나지 않는, 겉보기에만 번드르르한 숫자인 것이다.

　반대로 소매 매출액이 3%의 증가에 그쳤다고 하더라도 물가 상승률이 −2%라면 명목상 소매 매출액이 3%의 증가라도 실질적으로는 5%의 증가를 이룬 것과 같은 셈이다.

4

GDP
한 나라의 경제 규모를 파악한다

GDP는 Gross Domestic Product의 약자로 '국내총생산'이라고 한다. 중요도는 '중간' 정도다. 상황에 따라서는 중요하게 볼 때도 있지만, 신속성이 떨어지는 면도 있어 시장에서 주식이나 채권 등을 매매하는 데에 있어서 판단 재료로 삼을만한 경제지표는 아니다.

GDP가 나타내는 부분은 총액을 봄으로써 각국의 경제 규모를 비교할 수 있다는 점과 지난해 같은 기간과 비교하여 증가율을 봄으로써 그 나라의 경제가 어느 정도의 속도로 확대하고 있는지, 혹은 축소하고 있는지를 판단하는 재료가 된다. 미국은 물론, 세계 각국이 이 통계를 집계한다.

GDP 계산은 그 나라에서 일정 기간에 만들어진 재화와 서비스의 금액을 모두 더한 것이다. 자동차와 주택, TV 게임, 의료비, 라면 등 어쨌든 일정 기간 내에 만들어진 재화·서비스는 모두 포함된다. 수출된 재화와 서비스도 포함되고, 재고인 것도 포함된다. 다시 말해 그 나라의 아웃풋이라고 말할 수 있다.

GDP는 분기 단위로 작성, 발표된다. 1분기(1~3월), 2분기(4~6월), 3분기(7~9월), 4분기(10~12월)의 4회로 각각 전년 동기 대비 증가율을 확인한다.

미국의 경우 연간 증가율로 환산하여 대략 3~3.5%의 증가율이 최적으로 여겨진다. 이 정도의 성장률을 유지할 수 있으면 미국 국민 대다수가 풍족함을 실감할 수 있다는 숫자다. 반대로 3%를 밑도는 사태가 되면 경기후퇴가 현실화되고 노동 시장에 참가하는 사람들을 모두 흡수할 수 없게 되어 결국 실업률의 상승으로 이어진다고 알려져 있다.

다만 성장 속도가 빠르면 빠를수록 좋은 것은 아니다. 신흥국이라면 예전의 중국과 같이 10%대 GDP 성장률도 허용할 수 있지만, 미국과 같이 선진국이 되면 10%의 성장률은 반대로 부정적 영향을 미칠 수도 있다. 경기가 과열되어 인플레이션을 유발하기 때문이다.

또 GDP와 비슷한 경제지표로 'GNP'가 있다. GDP가 국내총생산인데 비해 GNP는 국민총생산이다. 무엇이 다른가 하면 GDP는 일본이라면 일본, 미국이라면 미국과 같이 한 나라 내에서 생산된 모든 재화와 서비스의 금액을 합계한 것이다. 따라서 미국에서 생산하는 도요타의 트럭은 미국의 GDP에 들어간다.

한편으로 GNP는 국민총생산이므로 그 나라의 국민이 만들어낸 재화, 서비스의 합계액이 된다. 따라서 도요타가 미국에서 생산한 트럭은 일본의 GNP로 집계된다. 일찍이 일본에서는 GNP에 의해 경제 규모를 나타냈는데, 지금은 GDP가 활용된다. 이러한 모습은 다른 나라도 마찬가지다.

GDP는 경기의 전환점에서 주목

한편으로 GDP는 고용통계와 같은 경기의 일치 지표로서 역할은 기대할 수 없다. GDP의 숫자는 예를 들어 1분기의 숫자가 4월에, 2분기의 숫자는 7월에 발표되므로 경기에 대해서는 후행 지표가 된다. 즉 GDP로는 경기의 앞날을 예측할 수 없고 어디까지나 현상 확인에 그친다. 따라서 시장에서는 그 정도로 중시되지 않는다. 특히 경기가 안정적으로 추이하는 상황에서는 화젯거리도 되지 않으며 뉴스에서 다루어지지도 않는다.

다만 경기의 전환점에서는 주목받는다. 사실 GDP는 총액뿐만 아니라 개인 소비와 기업의 설비 투자, 주택 투자, 의료비와 요양보험료, 공공 투자 등 대단히 폭넓은 통계 데이터가 있다. 이 때문에 한 나라의 경제 활동에서 섹터별로 어디가 강하고 약한지 파악할 수 있다.

물론 이것은 이코노미스트 등 경제 전문가가 보는 영역으로, 단순한 개인 투자자라면 그렇게까지 상세한 데이터를 볼 필요는 없다. 특히 주식시장은 GDP의 숫자에 대해서 거의 무반응이라고 해도 좋을 정도다.

다만 전문 투자자가 GDP를 상시 확인하는 이유는 채권시장에 대해 비교적 민감하게 반응하기 때문이다. 기본적으로 GDP의 숫자가 강하면 채권은 매도되는 경향이 강해진다. 다시 말해 장기 금리는 상승한다. 이와는 반대로 GDP의 숫자가 약할 때는 채권이 매수되어 장기 금리는 떨어진다.

또 환율에 대해서는 거의 예외 없이 긍정적인 요인으로 받아들여져, 미국의 GDP가 호조일 때는 달러 매수가 이어지는 경향이 엿보인다.

5

개인 소득 및 지출

개인소비지출은 CPI의 선행 지표

개인 소득 및 지출은 매달 하순에 미국 상무부가 작성, 발표하는 경제지표다. 미국의 개인 소득과 개인소비지출의 전년 동월 대비 숫자가 주목받는다. 저축률도 동시에 발표된다.

앞서 말했듯이 미국 경제는 개인 소비가 GDP의 70%를 차지한다. 이렇듯 소비 바탕의 경제권이므로 소비자가 돈을 쓰지 않으면 경제가 침체한다. 물론 없는 꼬리를 흔들 수는 없는 법이므로 개인 소득의 증가가 침체하는 한편으로 개인 소비가 크게 느는 상태는 결코 건전한 경제 운영이 이루어지고 있다고 보기는 어렵다. 소득이 늘지 않는 만큼 빚을 져서 소비로 돌리고 있을 우려가 있다.

그러나 개인 소득이 크게 늘었는데 개인 지출이 그만큼 늘지 않는 상황도 또한 바람직하지 않다. 많은 사람이 미래의 불안을 안고 저축하고 있을 우려가 있기 때문이다. 저축률은 상승할지 모르나, 소비가 점점 위축되어 이윽고 디플레이션 경제에 돌입할 수도 있다. 따라서 개인 소득과 개인 소비는 모두 비슷한 성장 속도로 늘어나는 것이 이상적이다.

참고로 '개인 소득'은 급여, 임대 수입, 이자 배당 등의 합계액에서 사회보험료를 공제한 후의, 개인이 실제로 손에 쥔 순수한 소득을 가리킨다. 또 '개인소비지출'은 자동차와 가전제품 등의 '내구재 지출', 식료품이나 의류 등의 '비내구재 지출', 여행이나 외식 등의 '서비스 지출'로 구성되어 있다.

이 개인소비지출을 'PCE(Personal Consumption Expen-diture)'라고 칭하는데, 미국의 중앙은행인 FRB는 물가 동향을 파악하는 데에 있어서 소비자물가지수(CPI, 101쪽에서 자세히 설명)보다도 이 개인소비지출을 중시한다고도 밝혔다.

개인 소비가 왕성해지면 서서히 물가가 상승 경향을 그리므로 개인 지출의 동향을 짚어두면 소비자물가지수가 상승하기 전에 인플레이션의 징조를 파악할 수 있는 셈이다. 다시 말해 개인소비지출은 소비자물가지수의 선행 지표와 같은 존재로 볼 수 있다.

금리가 인센티브로 작용하는 미국 가계

앞서 말했듯이 개인소비지출은 '내구재 지출', '비내구재 지출', '서비스 지출'의 세 가지로 구성된다.

이 중 내구재 지출은 기본적으로는 3년 이상 사용되며 가격 면에서도 고가의 상품이 해당하는데, 개인소비지출의 15%를 차지한다. 비내구재 지출은 3년 미만의 사용 기간을 가지는 것으로 20~25%를 차지한다. 그리고 이외에 서비스 지출이 있는데 이것이 65% 정도를 차지한다. 덧붙여 서비스 지출이 개인소비지출에서 차지하는 비율은 1960년대에는 40% 정도였으므로, 최근 60년 사이에 미국의 개인 지출은 내구재와 비내구재에서 서비스 중심으로 크게 이동했다는 사실을 알 수 있다.

또한 개인 소득에서 이들 개인 지출을 모두 뺀 후에 남는 금액이 저축이 된다. 다시 말해 예금에 맡기거나 주식이나 채권, 투자신탁 등의 금융 상품을 구입하거나 하는 자금에 사용되는 것이다. 미국은 소득 대부분이 소비에 이용되므로 저축률은 낮기 마련이다.

저축률을 구하려면 저축액을 가처분 소득(수입 중 세금과 사회보험료 등을 뺀 소득으로 자신이 자유롭게 쓸 수 있는 수입)으로 나눈다. 예를 들어 가처분 소득이 100달러이고 이 중 10달러를 저축에 쓴다면 저축률은 10%가 된다.

미국의 저축률은 1960년대까지는 8% 이상이었는데, 그로부터 하락 경향을 보이며 1990년대에는 4% 정도까지 떨어졌다. 게다가 리먼 사태 직전에는 마이너스 저축률을 보였다. 저축률이 마이너스라는 것은 다시 말해 돈을 빌리고 있음을 의미한다. 수입을 뛰어넘는 지출이 있고, 그 차이를 메우기 위해 반복해서 돈을 빌리는 것이다.

이렇듯 미국의 가계 부문은 기본적으로 대출 체질이다. 그렇기에 더욱이 금리 인상에 대해 과민 반응한다고 말할 수 있다. 어쨌든 빚까지 져서 소비하고 있으므로 금리가 상승하면 소비에 부정적 영향을 미친다. 소비가 GDP의 70%를 차지하는 나라인 만큼 금리 상승이 미국의 경제 활동 전체에 미치는 영향은 무시할 수 없다.

2022년 이후 미국에서 인플레이션이 심각해졌다. 통상 인플레이션이 심해지면 개인 소비는 침체하기 마련인데, 소매 매출액과 개인소비지출이 크게 침체하는 일은 없었다. 왜냐하면 가계가 대출 체질이었기 때문이다. 신용카드와 소비자 금융과 같은 수단을 이용하여 돈을 빌리고 소비에 쓰고 있었다.

다만 빚을 지면 그만큼 금리가 따라붙는다. 이 금리가 근래 들어 물가 상승에 연동하여 상승 경향을 보이고 있으므로 서서히 대출 변제가 힘겨워진다. 이 때문에 금리 인상이 더욱 이어질 것 같으면 단번에 소비가 침체할 우려가 있다.

6 · 7

소비자신뢰지수와
미시간대 소비자심리지수
경기와 고용 정세, 소비 동향 등을 설문조사

소비자신뢰지수와 미시간대 소비자심리지수는 경제지표의 중요도라는 점에서는 고용통계만큼 높지는 않고 '중간' 정도이다. 하지만 경기가 전환점을 맞이할 때 주목받기도 한다.

소비자신뢰지수는 미국의 콘퍼런스 보드(Conference Board, '전미산업심의회'라고도 불리며 미국의 경제 단체와 노동조합 등으로 구성된 비영리 민간 조사 기관)가 발표하는 경제지표로, 5,000세대의 소비자를 대상으로 경기와 고용 정세, 소비자 동향을 설문 조사한 것이다. 소비자의 시선에서 미국 경제의 상황을 파악할 수 있다. 또 비슷한 명칭의 경제지표로 '미시간대 소비자심리지수'가 있다.

이 둘이 비슷하므로 혼동해서 쓰는 사람도 많은데, 두 지표는 비슷한 듯하면서 다른 지표다. 미시간대 소비자심리지수는 이름 그대로 미시간대학이 작성, 발표하는 경제지표다.

콘퍼런스 보드가 작성, 발표하는 소비자신뢰지수는 고용 정세에 초점을 맞추어 설문으로 조사한 것이다. 반면 미시간대 소비자심리지수는 개인의 소비에 대한 기대감, 경제 정세, 자금 조달, 소득에 초점을 맞춘 것이다. 설문조사의 대상자도 소비자신뢰지수는 5,000명인데 비해, 미시간대 소비자심리지수는 500명을 대상으로 전화 설문조사 방식이다.

또 소비자신뢰지수는 고용 정세에 초점을 맞추기 때문에 경기의 실시간 움직임을 파악하기에는 다소 후행 성격을 띤다. 왜냐하면 경기의 좋고 나쁨이 고용 정세에 반영되기까지는 다소 시차가 있기 때문이다. 그 점에서 미시간대 소비자심리지수는 개인 소비의 감정에 영향을 미치는 항목을 중심으로 설문조사가 이루어지므로 경기

소비자신뢰지수와 미시간대 소비자심리지수 비교		
	소비자신뢰지수	**미시간대 소비자심리지수**
주요 조사 대상	고용 정세	개인의 소비에 대한 기대감, 경제 정세, 자금 조달, 소득
선행성	다소 후행	다소 선행

의 움직임에 선행하는 경향이 있다.

　시장에 미치는 영향으로는 둘 다 지수가 하락했을 때는 주식시장에 부정적인 영향을 준다. 왜냐하면 개인 소비의 후퇴로 인해 기업 실적이 악화하기 때문이다. 반대로 두 지수가 상승 경향을 그리는, 혹은 높은 수준을 유지할 때는 주가에 매우 긍정적이다.

　채권시장에는 둘 다 그렇게 강한 임팩트를 주지 않는다. 다만 장기간에 걸쳐 강한 숫자가 계속 나오면 인플레이션의 우려가 강해지므로 채권에 대해 매도 압력이 강해진다. 참고로 외환시장에서는 두 지수의 숫자가 강할 때는 달러 매수의 요인이 된다.

8

내구재 수주
내구재 제조업체에 의한 향후 전망

내구재 수주 경제지표는 시장에 미치는 영향이 상당히 크므로 투자자는 주시할 필요가 있다. 기본적으로 많은 경제지표는 이미 일어난 사실을 숫자로 전달하는 것이 많고, 따라서 경기의 움직임에 대해 후행하는 것이 보통이다. 그런데 내구재 수주는 지금부터 일어날 일을 숫자로 나타내는 보기 드문 경제지표 중 하나다. 다시 말해 경기의 움직임에 선행하는 경향이 있다.

왜 경기에 선행하는가 하면 내구재를 제조하는 업체가 수개월간, 혹은 반년간 제조하는 내구재의 주문을 '수주'한 단계에서 파악하는 지표이기 때문이다. 따라서 경기가 침체 단계에서 내구재 수주의 숫자가 조금이라도 호전되었을 때는 수개월에서 반년 후에는 침체가 끝날 것이라는 판단으로 이어진다. 또 이와 반대로 경기가 호조세를 보일 때 내구재 수주가 조금이라도 떨어지는 움직임을 보였을 때는 수개월 후나 반년 후에는 침체에 들어설 우려가 있다.

시장에 미치는 영향으로는, 경기가 침체한 국면에서 내구재 수주의 숫자에 개선의 징조가 보였을 때는 긍정적인 임팩트가 되지만, 경기가 호조인 국면에서 더욱 내구재 수주의 숫자가 크게 상승한 경우 경기가 과열한다고 여겨진다. 그 결과 금리 인상이 이루어지지 않을까 하는 예측이 부상하며 주가는 하락한다. 그야말로 'Good news is bad news'인 셈이다.

환율에 대해서는 내구재 수주의 숫자가 좋으면 달러 매수, 나쁘면 달러 매도와 같이 그대로 반영된다. 또 채권은 내구재 수주가 사전 예측에 비해 강한 숫자이면 금리 인상의 우려로 인해 채권의 매도로 이어진다.

9

광공업생산지수

제조업의 가동 상황에서 경기의 감을 잡는다

광공업생산지수란 국내에서 생산된 광업과 제조업의 생산 동향을 지수화한 것이다. 간단하게 말하자면 미국의 제조업이 활황인지 어떤지를 나타내는 경제지표라고 생각하면 된다.

미국의 제조업은 해마다 경제 전체에 차지하는 비율이 낮아지고 있다. 2020년 시점에 제조업이 그 나라의 경제 전체에 차지하는 비율을 보면 미국의 경우 단 10.8%였다. 일본은 20% 정도, 중국은 27.5%다.

따라서 세계의 공장인 중국의 광공업생산지수는 전 세계 제조업의 움직임을 선행하는 경향이 있고, 그 관점에서 말하면 일본의 광공업생산지수는 일치 지표, 미국의 광공업생산지수는 후행 지표라고 볼 수 있다.

그렇다면 낮은 비율에도 불구하고 그래도 미국의 경제지표 중에서 광공업생산지수가 중용되는 것은 왜일까? 여기에는 이유가 있다.

첫 번째로 미국의 중앙은행인 FRB가 직접 산출하는 경제지표라는 데에 있다. 이것은 일본은행 단관 등도 그러한데, 역시 중앙은행이 산출하는 경제지표는 그 결과가 금융 정책에 반영될 가능성이 있으므로 시장 관계자에게는 신경 쓰이는 부분이다.

두 번째 이유는 제조업의 경기 민감성이다. 미국 경제의 경우, 대부분이 서비스업임을 생각하면 더욱 서비스업의 동향을 확인할 필요가 있지 않을까 하고 생각하기 마련이지만, 사실 서비스업은 경기 변동에 대해 안정적이라는 특성이 있다. 즉 경기의 동향이 잘 반영되지 않는다는 것이다. 왜냐하면 서비스업은 사람들의 생활에 밀착된 것이 많으므로 경기가 나빠졌다고 해서 쉽게 그만둘 수 있는 것이 아니다. 예를 들어 경기가 나빠졌으니

머리카락을 자르지 말아야지, 병원에 가지 말아야지, 할
수는 없으니 말이다.

한편 자동차나 가전제품 등 광공업 생산에 포함되는
제조업의 제품은 경기가 악화하면 구입을 꺼린다. 그만
큼 경기의 좋고 나쁨을 민감하게 반영한다. 따라서 아무
리 서비스업 중심의 비즈니스 구조라고 하더라도 광공
업생산지수의 동향을 무시할 수는 없다.

참고로 광공업생산지수의 동향은 주가를 크게 밀어
올리는 요인은 되지 않는다. 다만 광공업생산지수의 숫
자는 경기의 동향을 민감하게 반영하므로 경기의 전환
점을 파악하는 데에는 적합하다.

또 광공업생산지수와 더불어 제조업의 동향을 파악하
는 데에 있어서 '설비가동률'도 참고가 된다. 설비가동률
도 FRB가 작성, 발표하는 경제지표이므로 광공업생산지
수와 마찬가지로 시장 관계자로부터 주목받는 지수다.

설비가동률은 생산 능력에 대하여 실제로 어느 정도
의 생산량인지를 나타낸 것이다. 이 숫자가 80%를 넘으

면 설비 투자가 활발하게 이루어짐과 동시에 가까운 미
래에 인플레이션 우려가 강해질 것이라는 예측에서 채
권시장에는 부정적 요인이 된다.

10

ISM 제조업지수

구매관리자에 의한 미래 예측

또 하나 제조업 관련하여 중요한 경제지표가 있다. 바로 'ISM 제조업지수'다. ISM이란 Institute of Supply Management의 약자로 '전미공급관리자협회'를 말한다. 이 협회는 미국에서 가장 권위 있는 직업 조직 중 하나로, 애리조나주를 근거지로 하여 기업의 구매관리자가 모여 이루어진 조직이다. 그리고 구매관리자란 제품을 만드는 데에 필요한 원재료와 부품 등의 자재를 사들이는 관리자를 가리킨다.

ISM은 매달 두 가지 큰 설문조사를 실시한다. 하나는 제조업의 구매관리자에 대한 설문조사이며, 또 하나는 비제조업(서비스)의 구매관리자에 해당하는 사람들을 대상으로 한다. 중요한 것은 제조업 쪽이다. 제조업이 제품을 만드는 데에 있어서는 우선 원재료와 부품을 조달할 필요가 있다. 구매관리자는 자사 제품에 대한 미래의 니즈를 예측하여 원재료와 부품을 조달한다.

이 때문에 제품에 대한 주문이 앞으로 늘어날 것 같으면 구매관리자는 원재료와 부품의 발주를 늘릴 것이고, 향후 재고가 늘어날 것 같으면 원재료와 주문 발주를 자제한다. 다시 말해 가까운 미래의 제조업 수요를 한발 빨리 파악하기 위하여 구매관리자의 동정을 살피는 것이다.

이 설문조사의 결과는 매달 첫 영업일에 발표된다. 이 숫자가 50을 넘으면 경기 확대, 밑돌면 경기 후퇴를 시사한다고 알려져 있다. 미국 경제의 경우, 이 숫자가 50일 때 GDP 성장률이 2.5% 정도가 되고, 숫자가 50보다 1포인트 높아질 때마다 GDP 성장률이 0.3%씩 올라간다.

따라서 주가에서 ISM 제조업지수가 50을 넘어가는

것은 긍정적인 요인이 된다. 특히 경기 침체기에 이 숫자가 50을 넘게 되면 경기 회복 국면에 접어들었다고 판단한다. 다만 경기가 과열된 국면에서 더욱 상승하면 이번에는 인플레이션 리스크가 높아지므로, 주가에 부정적 요인이 된다.

또 채권시장은 ISM 제조업지수에 상당히 민감하게 반응한다. 이 숫자가 사전 예상보다 강하면 거의 예외 없이 채권이 매도된다. 다시 말해 금리가 상승한다. 미국의 장기 금리는 ISM 제조업지수에 70% 정도의 상관성이 있다고 알려져 있다.

숫자와 시장의 관계를 정리하면, 50 이상이 이어지면 금리에 상승 압력이 가해진다. 그 결과 채권은 매도, 주식은 매수되는 경향을 보인다. 그리고 45~50이 채권시장에서는 가장 적정 수준으로, 채권이 매수되고 금리가 낮아진다. 특히 45 이하가 되면 채권에 투자하려는 심리가 강해지고, 채권 가격이 크게 상승하는 한편 금리가 크게 낮아진다. 또 환율에 미치는 영향을 보면 50 이상에

서 달러 매수 심리가 강해지는 한편, 50을 밑돌면 달러
매도 압력이 강해진다.

11

신규 주택허가 건수

금리와 주택담보대출이 경기에 미치는 영향

미국 주택 시황은 경기에 민감하게 움직인다. 경기가 나빠질 것 같으면 제일 먼저 악화하고, 경기에 회복 조짐이 보이면 주택 시황은 가장 먼저 좋아진다. 또 인플레이션에 대해서도 대단히 민감하다.

왜 이렇게나 경기와 인플레이션의 움직임에 주택 시황이 민감하게 반응하는가 하면 최대 요인은 금리다. 금리가 상승하면 주택담보대출 금리도 오른다. 주택담보대출의 금리가 오르면 장기 주택담보대출을 받아 주택을 구입하는 것이 어려워지므로 주택 수요가 떨어지고 주택 건설이 줄어든다. 2022년에 미국의 장기 금리는

1%에서 4%까지 상승했는데, 이로 인해 확연히 주택 섹터에는 제동이 걸렸다. 더불어 주택 개발업자도 주택을 건설하는 데에 건설 대출을 받으므로, 금리 수준이 상승하면 개발 사업도 축소한다.

반대로 금리가 낮아지면 주택 개발업자는 개발에 적극적으로 나서고, 개인도 주택 구입에 긍정적으로 나선다. 그러나 경기 악화에 의한 금리 인하의 경우 주택 섹터는 움직이지 않는다. 다시 말해 경기가 좋고 금리도 적당한 수준이어야 한다.

신규 주택 착공 수와 신규 주택허가 건수의 차이를 보면, 착공 건수는 건설된 시점의 통계이고 허가 건수는 착공 전 단계의 기초 굴삭 허가 숫자다. 그 결과, 허가 건수가 착공에 비해 선행하는 경제지표이므로 경기의 선행지표라고 말할 수 있다.

주택이 경기에 강한 영향을 미치는 이유는 저변이 매우 넓기 때문이다. 주택을 짓기 위해서는 철강과 목재, 유리, 파이프, 콘크리트, 플라스틱 등 다양한 재료가 필요하고, 집이 지어진 후에도 가전제품과 가구 등 신규 구입 수요를 기대할 수 있다. 실제로 미국에서는 새로운 주택을 1,000채 지으면 25,000명 이상의 정규 고용이 발생하고, 1억 달러 이상의 급여가 지급된다고 일컬어진다.

당연히 신규 주택허가 건수가 늘어날 때일수록 주가는 견실하게 움직이고, 이와 달리 채권시장에는 부정적 요인이 된다.

12

소비자물가지수(CPI)

이상적인 물가 상승률은 2%

시장을 볼 때 중요한 미국의 경제지표 중에서 특히 중요한 것으로는 이 소비자물가지수(CPI)가 마지막이다.

소비자물가지수란 미국 노동부가 매달 작성, 발표하는 경제지표로 소비자가 구입하는 상품과 서비스의 가격 변동을 측정한 것이다. 다시 말해 소비자물가지수의 전년 동월 대비 수치가 플러스면 물가 상승, 마이너스면 물가 하락을 의미한다. 매달 전년 동월 대비가 어느 정도로 계속 상승하면 인플레이션 우려가 부상하고, 반대로 큰 폭의 마이너스가 이어지면 디플레이션 우려가 부상한다.

기본적으로 물가의 하락이 장기에 걸쳐 이어지면 경기는 침체한다. 이것은 장기에 걸쳐 디플레이션을 경험한 일본의 현상을 보면 잘 알 수 있다. 따라서 물가는 완만하게 계속 상승하는 것이 좋다고 여겨진다.

다만 문제는 '어느 정도의 상승이 바람직한가'다. 매달 전년 동월 대비로 5%, 8%와 같은 상승이 이어지면 수입에 비해 생활에 필요한 비용이 점점 올라가, 그 나라의 생활 수준을 크게 떨어뜨리게 된다. 따라서 경제가 축소되지 않으면서 생활 수준을 크게 떨어뜨리지 않는 정도로 물가가 계속 상승하는 것이 낫다.

그렇다면 더 낫다고 여겨지는 물가 상승률은 어느 정도인가 하면, 이에 대해서는 2%라는 컨센서스(합의)가 있다. 이 숫자에는 일절 과학적 근거는 없다. 그냥 2% 정도가 좋겠지, 하는 합의가 있을 뿐이다. 이 2%라는 숫자에 도달하지 못하고 저인플레이션, 혹은 디플레이션이 되면 경제적으로는 상당히 나쁜 상태에 빠진다.

1929년 세계 대공황 때 미국의 소비자물가지수는 크게 떨어졌다. 1929년부터 1933년까지 4년간 소비자물가지수는 24%나 하락했다. 상당히 심한 디플레이션 경제라고 할 수 있다.

요컨대 물가는 너무 올라도 안 되고 너무 내려가도 안 된다. 따라서 FRB와 일본은행 등 각국의 중앙은행은 연 2%라는 인플레이션 목표를 설정하고 완만한 물가 상승이 이어지는 상태를 유지하기 위해 금융 정책을 펼친다.

주식시장의 가격 발견 기능이란

중앙은행에는 두 가지 사명이 있다. 하나는 고용 안정이고 또 하나는 물가 안정이다. 고용과 물가 양쪽을 안정시킴으로써 경제가 지속적으로 성장할 수 있게 하는 것이 일본은행과 FRB 등 각국 중앙은행의 역할이다.

최근 수년간 일본은행은 시중에 자금을 공급하기 위해서 ETF라고 불리는 투자 신탁 상품을 산더미처럼 팔아댔다. ETF는 닛케이평균주가와 TOPIX에 연동된 운용 성과를 노리는 금융 상품이다.

따라서 일본은행이 ETF를 계속 팔수록 이 ETF가 연동 목표로 하는 주가 인덱스의 구성 종목에 매수가 들어가 주가를 끌어올리는 효과를 얻을 수 있었다. 이를 통해 분명 일본의 주가는 단단하게 밑받침되었지만, 동시에 큰 문제를 안게 되었다.

시장의 가격 발견 기능을 잃고 만 것이다. 이로 인해 '좋은 것(기업)은 좋은 평가를 받고 나쁜 것(기업)은 도태된다'라는 상식이 통용되지 않게 되었다.

이에 관해서는 흥미로운 연구가 있다. 노무라에셋매니지먼트의 연구다. 이것은 '향후 12개월의 실적을 완벽하게 알 수 있다'라는 전제로 투자한다면 돈을 벌지, 벌지 못할지를 시계열로 조사한 것이다.

당연히 12개월 후의 실적을 안다는 전제로 투자한다면 누구나 12개월 후에 좋은 실적을 거둘 종목을 골라 포트폴리오를 구성한다. 따라서 12개월 후의 실적이 좋은 종목의 주가는 거의 틀림 없이 상승한다.

실제로 시계열로 이것을 조사해 보니 2000년부터

2010년까지는 예상한 바대로였다. 그런데 2010년 이후는 이 관계가 무너졌다. 특히 2019년은 12개월 후의 실적을 안다는 전제로 투자했음에도 돈을 벌지 못한다는 이상한 시세가 형성되어 갔다.

골드만삭스가 작성한 '비수익기업지수(Non-Profitable Tech Index)'라는, 이익을 내지 못하는 적자 기업군을 구성 종목으로 한 주가 인덱스가 있다. 이것이 코로나 사태 이후 급격한 상승을 보인 것도 가격 발견 기능을 잃었다는 증거라고 말할 수 있다.

이렇듯 가격 발견 기능을 잃은 최대의 요인은 과거의 사례를 보지 않고 대규모 금융 완화가 이루어졌기 때문이다. 본래 주식 투자는 기업의 본질적 가치를 밝혀내, 주가가 비교적 낮은 상태에서 방치되는 기업에 투자하는 가격 발견 기능이 분명 중요한데, 일본뿐만 아니라 미국에서도 리먼 사태 이후는 대규모 금융 완화 정책이 이루어지며 가격 발견 기능이 경시됨과 동시에 금융 완화가 이어진다는 이유 하나로 주식시장에 자금이 흘러들어왔다.

그러나 2022년 이후는 소비자물가지수의 상승과 함께 금융 긴축이 이루어지게 되었다. 앞으로 인플레이션이 이어진다면 이러한 환경 아래에서도 착실히 실적을 유지할 수 있는 기업이 선별되고, 그 주식에 투자할 움직임이 나올 것이다.

그 결과 금융 완화기에 잃은 가격 발견 기능이 서서히 회복될 것이다. 이러한 의미에서 소비자물가지수의 동향은 주목할 필요가 있다.

MUST-KNOW ECONOMIC INDICATORS
IN THE AGE OF INFLATION

12

제3장

경기복합지수와
각국의 경제지표

MUST-KNOW ECONOMIC INDICATORS
IN THE AGE OF INFLATION

13

경기선행지수(LEI)
반년에서 2년 주기로 세계 경기를 본다

제2장에서는 주로 시장에 미치는 임팩트라는 관점에서 미국의 12대 경제지표를 살펴보았다. 이번 장에서는 '경기복합지수'라고 해서, 복수의 경제지표를 이용하여 경기의 방향성, 경기의 기세 등을 파악하는 지표를 다룬다.

제2장에서 다룬 12가지 경제지표를 보다 보면 어느 경제지표는 경기 회복 국면에 있음을 시사하는 숫자가 나왔는데, 다른 경제지표에서는 경기 회복이라고 하기에는 아직 너무 이른 숫자가 나와 있어서 무엇을 보면 경기의 전환점을 정확히 파악할 수 있는지 헷갈리는 경우가 있다. 혹은 계절 요인 등으로 갑자기 숫자가 급상

승, 급하락하기도 한다. 이것은 일종의 '속임수'인데, 복합 지표의 경우 여러 경제지표의 숫자를 합성하므로 특정한 경제지표가 급상승, 급하락했다고 하더라도 전체로 보면 평균화된다.

그 결과 지수 그 자체에 대한 신뢰도가 높아지므로 개별 경제지표에서 이상한 값이 나왔을 때는 이러한 복합 지표를 함께 봄으로써 잘못된 판단을 줄일 수 있다.

사전 설명이 길어졌는데, 먼저 알아두었으면 하는 복합 지수는 '경기선행지수(LEI)'다. 이것은 제2장에서 다룬 '소비자신뢰지수'를 작성, 발표하는 미국 콘퍼런스 보드가 작성, 발표하는 지표다. LEI는 Leading Economic Index의 약자다.

콘퍼런스 보드에서는 각 경제지표의 특성을 활용하여 경기 움직임에 선행하는 '경기선행지수', 경기와 거의 비슷하게 움직이는 '경기동행지수', 경기의 움직임에 뒤처진 경향이 있는 '경기후행지수'라는 3계열 경제 지수를 만든다. 그리고 이 중에서 가장 주목받는 것이 '경기선행

지수'다.

비금융지수와 금융지수로 구성

경기선행지수는 전부 10가지 종류의 요소를 합성하여 작성된다. 10가지 요소란 다음과 같다.

① 제조업의 주 평균 노동시간

② 신규 실업급여 신청 건수의 주 평균

③ 제조업체가 신규 수주한 소비재

④ ISM 제조업지수 중 신규 수주

⑤ 제조업체가 신규 수주한 항공기를 제외한 자본재 (비방위산업)

⑥ 신규 주택허가 건수

⑦ 주가(S&P500)

⑧ 선행신용지수

⑨ FF 금리와 미국 10년물 이율의 금리 차이

⑩ 소비자의 경기에 대한 평균 기대치

콘퍼런스 보드가 만드는 경기선행지수

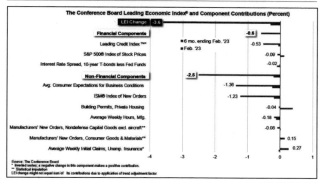

출처: 콘퍼런스 보드

　이러한 경제지표를 조합 및 가중하여 산출하는데, 이 조정은 모두 콘퍼런스 보드가 정한다. 총 10가지 경제지표 중 7가지는 비금융지수, 나머지 3가지가 금융지수에 해당한다. 그리고 7가지 비금융지수 중 가장 비중이 큰 것이 ①'제조업의 주 평균 노동시간'이다. 약 28% 정도의 비중이 걸려있다.

　왜 제조업인가에 대해서는 이미 설명한 바와 같다. 분명 미국 경제 전체에서 차지하는 제조업의 비율은 매년 감소 경향에 있고, 실제로 서비스업에 비교하면 확연히 비율은 낮다. 하지만 제조업은 경기에 선행하여 움직이는 경향이 있으므로 경기의 전환점을 조기에 파악할 수 있기 때문이다.

한편 금융지수로 들어가 있는 ⑦'S&P500'은 미국을 대표하는 주가 인덱스다. 세계은행에 따르면 미국에는 2019년 시점에 4,266개의 기업의 주식이 상장되어 있는데, S&P500은 그중 500개 기업의 주가를 구성 종목으로 작성된다. 당연히 4,266개 회사 중 500개 회사이므로 엄선된 기업으로 구성되어 있고, 또 구성 종목의 변경도 빈번하게 이루어진다.

여기에 ⑧'선행신용지수'라고 해서 미국의 대출 상황을 지수화한 것이나 ⑨와 같은 미국의 단기 금리와 장기 금리의 차이도 포함되어 있다. 이 단기 금리와 장기 금리의 차이가 경기선행지수를 산출하는 데에 있어서는 상당히 큰 비중을 차지하고 있으며, 10~11% 정도의 비중으로 알려져 있다.

그렇다면 경기선행지수로 무엇을 알 수 있는가? 바로

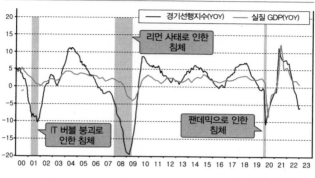

2000년 이후 미국의 경기선행지수

경기선행지수(YOY)   실질 GDP(YOY)

리먼 사태로 인한 침체

IT 버블 붕괴로 인한 침체

팬데믹으로 인한 침체

00 01 02 03 04 05 06 07 08 09 10 11 12 13 14 15 16 17 18 19 20 21 22 23

출처: 콘퍼런스 보드

미국 경제의 현상이다. 다시 말해 경기가 확대 국면에 있는지 아니면 후퇴 국면에 있는지를 보기 위한 것이다.

시장에 대한 영향은, 경기선행지수는 의외로 단기적인 시장 움직임에는 별 영향을 미치지 않는다. 따라서 단타 투자자와 같은 초단기 매매를 반복하는 투자자에게는 그다지 중요한 경제지표는 아닐지도 모른다.

다만 외환 트레이더나 주식 투자에서도 반년에서 2년 정도의 단위로 보고 있는 투자자에게는 중요한 경제지표가 된다.

14

OECD 경기선행지수
세계 경제의 움직임을 먼저 읽는다

경기선행지수는 OECD(경제협력개발기구)에서도 작성, 발표하고 있다. 이것을 CLI(Composite Leading Indicator, Composite는 '복합'의 의미)라고 말한다. 경기 순환의 전환점을 조기에 발견하기 위해 1970년대부터 산출하는 지표다.

OECD 본부는 프랑스 파리에 있고, 유럽을 중심으로 미국과 일본을 포함해 세계 37개국의 선진국으로 구성되어 있다. OECD 경기선행지수는 매달 발표되는데, OECD라는 세계적인 조직이 발표 주체가 되기 때문인지 다양한 국가·지역의 지수를 산출, 발표한다. 구체적으로는 OECD 지역, 유럽 지역, 미국, 일본, 독일, 프랑스, 이탈리아, 영국, 캐나다, 브라질, 인도, 중국, 인도네시아, 러시아, 남아프리카에서 발표된다.

지표를 작성하는 바탕이 되는 것은 광공업 재고율 외에 수입·수출 비율, 주택 착공 호수, 주가 지수 등으로 이를 통해 산출되는 지수는 GDP 등보다 6개월 정도 선행한다고 알려져 있다. 기본적으로는 세계 경제의 움직임을 먼저 파악하기 위한 것이라고 생각하면 된다.

다만 이 경제지표의 대상이 되는 국가·지역이 모두 같은 품질의 정보를 내놓는가 하는 점에서는 다소 회의적이 될 수밖에 없다. 이 때문에 실제로 이 경제지표를 체크하다 보면 매우 도움이 되는 국면이 있는가 하면, 그렇지 않은 국면도 있었다. 정밀도 면에서 다소 불안 요소가 있으므로 참고 정도로만 사용하는 편이 낫다.

시장에 대한 영향으로는 '제로'라고 말해도 좋을 정도다. 주가와 금리, 환율이 OECD 경기선행지수의 변화를 보고 크게 움직인 것은 1970년대부터 지수가 산출되었음에도 불구하고 거의 한 번도 없었다.

다만 정치인과 전문 투자자, 거대기업 경영자와 같이 국제적으로 활발하게 활동하는 사람에게는 앞으로의 경제 향방에 대해 생각할 때 중요한 판단 재료가 된다.

15

일본은행 전국기업 단기경제관측조사 (일본은행 단관)

일본 대기업·제조업의 업황 판단 DI에 주목

일본은행 전국기업 단기경제관측조사는 일명 '일본은행 단관'이라고 불리는 경제지표다. 이것은 해외에서도 꽤 유명한 경제지표로, '단관'의 일본어 발음인 '탄칸(TANKAN)'으로 불리기도 한다. 정식 명칭은 '일본은행 전국기업 단기경제관측조사'인데, 말 그대로 일본 전국 1만 개 회사의 경영자를 대상으로 한 설문조사다. 작성 주기는 분기로, 4월 초와 7월 초, 10월 초, 12월 중순에 발표된다.

일본의 경제지표는 상당히 세세하게 분류되어 있다는

점이 특징이다. 일본은행 단관도 자본금을 기초로 대기업(자본금 10억 엔 이상), 중견기업(자본금 1억 엔 이상 10억 엔 미만), 중소기업(자본금 2,000만 엔 이상 1억 엔 미만)으로 나뉘며 업종도 상당히 세분화되어 있다.

설문조사의 내용은 일본 국내·외의 제품과 상품, 서비스의 수요 동향, 재고 수준, 고용 인원, 자금 조달, 금융기관의 대출 태도, 판매 가격, 매입 가격 등을 물어 수치화한다. 예를 들어 자금 조달이라면, 자금 조달이 '쉽다'라고 대답한 비율에서 '힘들다'라고 대답한 비율을 빼서 계산한다. 이렇게 계산된 숫자를 DI(Diffusion Index)라고 한다.

이 많은 항목의 DI 중, 가장 주목받는 것은 '업황 판단 DI'라고 불리는 항목이다. 업황 판단 DI란, '경기가 좋다'라고 느끼는 기업의 비율에서 '경기가 안 좋다'라고 느끼는 기업의 비율을 빼서 구한다. 따라서 경기가 좋다고 실감하는 기업 수가 많을수록 업황 판단 DI는 플러스 값이 커지고 경기가 나쁘다고 실감하는 기업이 많을수

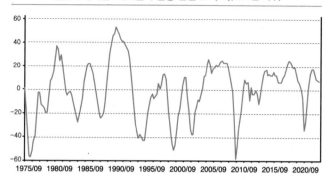

일본의 대기업·제조업의 업황 판단 DI 추이(1974년 이후)

출처: 일본은행

록 업황 판단 DI는 마이너스 값이 커진다. 업황 판단 DI 중에서도 주목받는 것이 '대기업·제조업'의 업황 판단 DI다.

참고로 과거의 업황 판단 DI 추이를 보면 대기업·제조업 부문에서 가장 나빴던 것이 리먼 사태 직후인 2009년 3월의 숫자로 −58을 기록했다. 또 코로나 위기 후에는 2020년 6월의 하락 폭이 컸는데, 이때는 −34를 기록하며 서서히 회복하여 2021년 9월에 18까지 상승했다. 2022년 12월의 숫자는 7을 기록했다.

또 '대기업·비제조업'의 업황 판단 DI를 보면 2022년 12월의 숫자는 19였는데 대기업·제조업과 비교하면 다소 개선 경향으로 보인다. 제조업은 글로벌한 공급 사슬의 단절과 반도체 부족, 원재료 가격의 상승 등 마이너스 재료가 산적한 반면, 서비스업은 코로나19 바이러스의 거리두기 정책이 해제된 것과 맞물려 기세가 회복된 감이 있다.

중소기업의 업황 판단 DI에 연동하는 마더스 지수

이 통계에서 재미있는 점은 주가와의 관계성이다. 특히 중소형 주가의 움직임에 대해 중소기업의 업황 판단 DI에 다소 선행 지표적인 특색이 있다는 점이다.

2022년의 중소기업 업황 판단 DI는 제조업이 상당히 혹독했는데, 연간 통틀어 마이너스가 이어졌다. 또 비제조업도 마이너스가 이어졌는데, 2022년 9월에 발표된 숫자가 플러스로 전환했다. +2이므로 소폭의 호전이었지만, 도쿄증권거래소 마더스 지수(도쿄증권거래소의 벤처

기업 등 성장성이 유망한 기업 대상 시장인 '마더스 시장'에 상장된 주식의 지수. - 옮긴이)의 움직임을 보면 2022년 9월 중에는 하락 국면이었으나, 10월 3일에 681.06포인트로 바닥을 치고 12월 1일에는 813.79포인트까지 상승했다.

이 점에서 보면 일본은행 단관의 숫자는 주가의 선행지표가 아닌가 하고 여겨진다. 또 일본은행 단관은 일본은행이 작성, 발표하므로 이 숫자의 좋고 나쁨이 일본은행의 금융 정책에 영향을 미친다. 따라서 금리와 환율에도 영향을 미칠 가능성이 있다.

또 앞서 말했듯이 DI는 '대기업·제조업의 업황 판단 DI'만 읽으면 충분하다. 언론에서 보도되는 것도 기본적으로는 이 DI다.

16

장·단기 금리
금리 역전은 경기 침체의 신호

기간이 서로 다른 금리 관계에도 경기의 앞날이 반영된다. 예를 들어 2년물 금리와 10년물 금리가 있다고 하자. 어느 쪽의 금리 수준이 높아질까. 보통 2년물 금리에 비해 10년물 금리 쪽이 금리 수준은 높아진다. 왜냐하면 2년 후에 돈이 돌아오는 것과 10년 후에 돈이 돌아오는 것은 당연하게도 10년 쪽이 돈이 돌아오지 않을 리스크가 크다고 여겨지기 때문이다.

따라서 경제가 순조롭게 활동할 때는 돈이 돌아오지 않을지도 모르는 리스크가 큰만큼 10년물의 금리가 높아진다. 이렇듯 기간이 긴 금리가 기간이 짧은 금리보다 높은 상태에 있는 것을 '순 일드(yield)'라고 한다.

그러나 때때로 이 관계가 역전할 때가 있다. 다시 말해 2년물 금리가 10년물 금리를 웃도는 경우가 있다. 이 것을 '역 일드(reverse yield)'라고 하며, 대단히 신뢰할 수 있는 경기 선행 지표의 하나가 된다.

왜 2년물 금리와 10년물 금리가 역전하는가 하면, 예를 들어 향후 경기가 나빠질 것이라는 예측이 지배적으로 자리잡으면 지금부터 금리는 떨어질 것이라는 예측이 성립한다. 금리가 내려갈 것 같을 때 돈을 운용하는 측은 가능한 한 장기간 높은 금리가 고정된 상품으로 운용하려고 한다. 따라서 2년물을 매각하고 10년물로 갈아타려고 한다.

금리는 기본적으로 돈의 수급 균형으로 결정된다. 돈을 운용하고자 하는 사람이 늘어나면 늘어날수록 돈의 공급이 수요를 웃돌기 때문에 금리는 하락한다. 반대로 돈을 조달하려고 하는 사람이 늘어나면 늘어날수록 돈

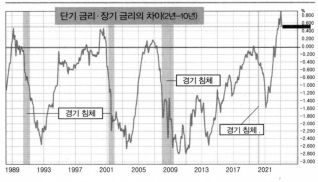

역 일드와 경기 후퇴

단기 금리·장기 금리의 차이(2년–10년)

경기 침체

경기 침체

경기 침체

1989 1993 1997 2001 2005 2009 2013 2017 2021

출처: TradingView

의 수요가 공급을 웃돌기 때문에 금리는 상승한다.

즉 경기의 앞날이 나빠질 것 같은 때는 10년물 금리로 자금이 몰리고, 2년물 금리는 자금이 부족해진다. 그러므로 2년물 금리가 상승하는 한편 10년물 금리가 하락하여 역 일드 현상이 일어나는 것이다.

따라서 이 역 일드가 일어나면 반년 후부터 15개월 후 정도 사이에 경제가 침체에 들어선다고 알려져 있다.

17

발틱 운임 지수

세계 경제가 활발한지를 나타내는 지표

발틱 운임 지수라는, 조금 마니악한 경제지표도 언급하려고 한다. 이것은 간단히 말하면 '화물선 운임'을 지수화한 것이다.

세계 경제가 활발해지면 국경을 초월한 재화의 이동이 활발하게 이루어지므로 화물선에 대한 수요가 높아진다. 그러나 재화의 수요가 늘어도 화물선과 같은 큰 배를 급조할 수는 없다. 다시 말해 화물선의 수요 증가에 대해 곧바로 공급을 늘릴 수 없으므로 운임이 단번에 오른다. 그만큼 세계 경제의 움직임에 대해 민감하게 반응하는 지표 중 하나라고 말할 수 있다.

운임의 수치는 '드라이 벌크'라고 하는 다양한 원재료를 옮기기 위한 선임의 평균 가격을 지수화한 것이다. 이 화물선이 자주 사용하는 루트가 20개 정도 있는데, 이 루트를 통했을 때의 선임을 평균한 것이다.

이 지표는 최근 들어 대단히 주목도가 높아진 경제지표의 하나다. 역사도 대단히 긴데 기원이 18세기, 1744년으로 긴 역사를 가졌다. 간단히 그 역사도 살펴보자.

원래 발트해에서 장사하던 상인과 선사의 직원, 선원과 같은 사람들이 런던에 있는 버지니아 & 발틱 커피 하우스에 정기적으로 모여 의견을 교환하거나 다양한 계약을 맺었다. 그리고 19세기로 접어들어 이 모임이 더욱 공식적인 조직으로 진화해, 1900년에는 발틱 마칸 타일 & 시핑 익스체인지라는 거래소가 되었다. 이렇게 계속 산출되어 온 발틱 운임 지수인데, 지금의 형태로 자리 잡은 것은 1999년의 일이다.

앞서 말한 '드라이 벌크'라는 말을 처음 들어보는 사

람도 있을 것이다. 간단히 설명하자면 철광석과 석탄, 곡물, 알루미늄괴, 동광석 등 다양한 자원을 포장하지 않고 그대로 배에 실어서 옮기는 배를 '벌크선', '드라이 벌크선'이라고 한다. 건화물(=드라이 카고)을 대량으로(=벌크) 옮긴다는 의미에서 드라이 벌크라는 말이 되었다.

따라서 컨테이너 수송선이나 석유를 옮기는 탱커는 이 드라이 벌크선에는 포함되지 않는다. 이에 대해서는 '컨테이너 지수'와 '탱커 지수' 등 발틱 운임 지수와는 다른 인덱스가 작성, 발표된다.

발틱 운임 지수의 중요한 점은 경기의 움직임에 민감하게 반응한다는 점이다. 석탄은 에너지원이고, 철광석이나 알루미늄괴, 동광석은 제조업에 불가결한 원재료다. 다시 말해 경기가 좋아져 경제 활동이 활발해지면 드라이 벌크선을 통해 옮겨지는 물건이 점점 늘어난다. 그러나 이것을 적재하는 '배'를 만드는 데에는 앞서 말했듯이 엄청난 시간과 비용이 든다. 옮길 물건이 늘어나 드라이 벌크선에 대한 수요가 높아져도, 곧바로 드라이 벌크선을 건조하여 공급을 늘릴 수 없으므로 운임이 단번에 오르는 것이다. 반대로 수요가 줄어들면 발틱 운임 지수는 단번에 하락한다. 이러한 의미에서 세계 경제의 선행 지표 중 하나라고 생각할 수 있다.

다만 주의할 점도 있다. 결국 배 운임이므로 그 값의 움직임은 세계 경제 상황에 좌우되는 동시에 다른 요인으로 크게 움직이기도 한다. 예를 들어 2021년 9월 발틱 운임 지수는 큰 폭으로 상승했는데, 이때는 세계 경제가 호조였다기보다 팬데믹으로 인한 세계 물류가 악화되어 지수가 큰 폭으로 상승했다.

혹은 미국이 중국으로부터 수입하는 재화에 대폭 관세를 인상하는 정책을 취하면, 정책 시행 전까지 가능한 한 많은 양을 미국에 수출하려고 하므로 일시적으로 드라이 벌크선의 수요가 늘어 지수가 튀어 오르기도 한다.

이러한 특성이 있으므로 발틱 운임 지수가 급격히 상승 혹은 급락했을 때는 그것이 무엇 때문인지 배경을 잘 알아보아야 한다.

또 경기가 제대로 연동될 때의 발틱 운임 지수는 주가에 2~3개월 정도 선행하여 움직이는 경향이 있다.

18

중국의 경제지표

데이터가 들어맞지 않는 중국은 항생지수를 확인

마지막으로 다른 나라의 경제지표도 다루려고 한다. 미국에 이어 큰 경제 규모를 가진 나라라고 하면 역시 중국인데, 중국의 경제지표에는 들어맞지 않는 부분이 있다. 물론 전혀 무시할 수는 없지만, 어쨌든 공산당 일당 독재인 중국에서는 경제지표의 내용을 조작하는 것쯤이야 아무렇지 않게 할 수 있는 일이다. 공산당 정권에 대한 중국 인민의 불평불만이 높아지지 않게 하기 위해서다.

가장 호조세의 숫자가 나오면 '물을 탄 것은 아닌가?', 경기 후퇴의 신호가 나와도 '실제로는 더 나쁜데 속인 것은 아닌가?' 하고 받아들이게 되는데, 이렇듯 중국의 경제지표는 신빙성이 떨어진다고 여겨진다.

이러한 상황이기는 하지만, 중국 정부가 아니라 다른 기관이 작성·발표하는 데이터로 대체하는 방법이 있다. IHS마킷이라는 민간 조사 회사가 있는데, JP모건 등 글로벌한 금융 회사와 협력하여 다양한 나라의 PMI(구매관리자지수)를 작성한다. 이것을 '마킷 PMI'라고 한다. 이 자료 속 중국의 PMI를 확인하는 방법이다. 또 홍콩에 거점을 둔 글로벌 금융 그룹 HSBC도 중국의 PMI를 발표하고 있다.

물론 중국 정부도 자체적으로 PMI를 작성·발표하는데, 앞서 밝힌 이유가 있는 이상 순수하게 민간 기업이 산출한 마킷 PMI나 HSBC의 PMI 쪽이 신뢰할 수 있다고 여겨진다. 또 마킷에서는 글로벌 PMI도 발표하는데, 30개국의 구매관리자로부터 설문조사를 모아 작성한다. 대체로 이 30개국의 제조업만으로 세계 제조업의 90% 가까운 아웃풋이 나오므로 충분히 실태를 커버하고 있다고 말할 수 있다.

그리고 또 하나 중국 경제의 현상을 파악하기 위해서는 주가를 보는 방법이 있다. 많은 시장 참가자가 종목을 결정한 결과로 가격이 형성되는 '주가' 쪽이 중국 정부에 의한 경제지표보다 훨씬 신빙성이 높다.

중국 주가에는 상하이종합지수와 같이 중국 본토의 증권거래소가 산출하는 주가 인덱스뿐만 아니라, 홍콩의 항셍지수와 같이 영국 통치 시대부터 오랫동안 산출되고 있는 주가 인덱스도 있다.

이 중에서 필자 자신도 중국 경제의 실태를 반영하고 있으리라고 생각하여 중국 경제를 볼 때 사용하는 지표가 홍콩의 항셍지수다. 항셍지수는 2018년 1월에 33,484포인트로 사상 최고치를 기록한 후, 2020년 3월에 코로나 위기로 21,139포인트까지 하락하고 2021년 2월에는 31,183포인트까지 회복했으나 다시 하락이 이어져 2022년 10월에는 14,597포인트까지 하락했다. 사상 최고치와 비교하면 56.40% 하락이다.

금융위기가 일어날 때, 주가지수는 고점에서 반값 이하까지 떨어지는 것이 과거 시장에서 알 수 있는 경험칙

항셍지수

-56%

2016.06　2017.06　2018.06　2019.06　2020.06　2021.06　2022.06　2023.06

출처: TradingView

이다. 이것을 고려하면 홍콩의 항셍지수는 중국에서 심각한 금융위기가 일어났다는 증거라고 할 수 있다. 덧붙여 왜 상하이종합지수가 아니라 홍콩의 항셍지수를 보는가 하면, 그것은 시장의 신뢰도 문제 때문이다.

중국은 분명 GDP 규모로는 세계 2위지만, 본토의 금융 시장은 아직 그만큼 정비되어 있지 않다. 상하이종합지수는 본토 시장의 주가 동향을 나타내는 주가 인덱스지만, 상하이나 선전에 있는 주식시장은 글로벌한 투자자가 자유롭게 주식을 매매할 수 없는 규제가 있다.

반면 홍콩의 주식시장은 밖에서 중국 경제에 자유롭게 접근하기 위한 관문과도 같은 곳으로, 어떤 투자자에게도 문호가 열려있다. 그렇기에 더욱이 홍콩에서 형성되는 주가는 중국 정부의 개입을 받는 일 없이 세계가 생각하는 중국 경제에 대한 평가가 비교적 있는 그대로 반영된다고 볼 수 있다.

19

독일의 경제지표
유로 경제권의 3분의 1을 차지하는 독일의 3대 지표

중국 다음은 유럽의 경제대국인 독일이다. 독일의 경제 지표로 가장 중요시되는 것이 '광공업생산지수'다. 기본 적으로 미국과 일본의 지표와 같은 개념이다. 독일의 광 공업생산지수가 주목받는 이유는 독일이 유로권 전체 GDP의 3분의 1을 차지하고 있기 때문이다. 세계 3대 수 출국이라고 하면 중국, 일본, 독일이라고 할 수 있다. 그 존재는 유로권은 물론, 전 세계에서도 상당히 큰 비율을 차지한다.

더불어 다른 국가와의 관계에서 독일도 미국과의 연 관성이 매우 강한 나라다. 따라서 독일 경제의 상황을 파

악하는 데에 있어서 우선은 광공업생산지수의 수준을
파악할 필요가 있다.

미국 ISM 제조업지수와 상관성이 높은
IFO 기업체감지수

광공업생산지수를 확인했다면 다음은 'IFO 기업체감지
수'를 본다. 이것은 독일의 IFO 경제연구소가 매달 발표
하는 독일 국내의 경기 체감을 나타내는 경제지표다. 첫
발표는 1949년으로 상당히 오랜 역사를 자랑하기도 해
서 신뢰도 높은 경제지표로도 잘 알려져 있다.

구체적으로는 제조업, 건설업, 도매업, 소매업에 대해
현재 상황과 6개월 후의 기대치를 설문으로 조사한다.
대상 기업의 숫자는 약 9,000개로 조사 대상 월의 당월
하순에 발표된다.

독일 경제는 유로 경제권 중에서도 가장 큰 규모를 가
졌으므로 독일의 경기 침체는 유로 경제권 전체에도 영
향을 미친다. 그 때문에 IFO 기업체감지수의 숫자는 독

일 국내뿐만 아니라 유로 경제권 전체에도 강한 영향을 미친다고 보면 된다.

이와 동시에 설문조사를 실시한 그달에 결과가 발표되므로 더욱 시기적절한 경기 심리를 파악할 수 있다. 앞서 말했듯이 IFO 기업체감지수는 당장의 상황을 보기 위한 숫자와 더불어 6개월 후의 기대감도 발표되는데, 특히 후자인 6개월 후의 기대치는 유로권 제조업의 움직임에 2~3개월 선행하여 움직인다고 알려져 있다. 그러니 유럽 주식 등에 투자한다면 IFO 기업체감지수는 반드시 확인해야 한다.

또 하나 재미있는 특징이 있다. 그것은 미국의 ISM 제조업지수와의 상관성이 상당히 높다는 점이다. 미국의 ISM 제조업지수가 상승하면 그로부터 반년 정도 후에는 독일의 IFO 기업체감지수가 상승한다.

그리스 사태 후 변한 독일의 금융·통화 정책

또 독일 하면 중앙은행인 독일연방은행(Bundesbank, 분데스방크)과 소비자물가지수, 즉 인플레이션과의 관계성을 파악해두는 것도 중요하다.

분데스방크는 '인플레이션 파이터'라는 다른 이름을 가지고 있다는 점에서도 알 수 있듯이 인플레이션에 대해 대단히 강경한 태도로 임하는 경향이 있다. 이것은 제1차 세계대전으로 패전국이 되어 막대한 전쟁 배상금이 부과된 가운데 독일 국내에서 하이퍼 인플레이션이 일어난 역사적 사실에서 기인하는지도 모른다. 당시 하이퍼 인플레이션이 얼마나 심했는가 하면 수년간 물가가 1조 배로 튀어 올랐을 정도였다. 그 결과 나치가 대두하게 되었고 세계는 제2차 세계대전으로 돌입했다.

그 경험 때문인지 독일은 소비자물가지수가 2%를 넘으면 심한 금융 긴축 정책을 가지고 인플레이션의 싹을 철저하게 잘라 왔다.

이 인플레이션에 대한 엄격한 자세가 유럽 통화 통합 때 족쇄가 될 우려가 있었다. 그전까지는 독일 마르크, 프랑스 프랑, 이탈리아 리라와 같이 유럽 국가별로 독자의 통화 단위를 가지고 있던 것을 1999년 1월에 단일 통화인 '유로'로 통합했는데, 유로 가맹국이 같은 통화를 사용하는 이상 유로 가맹국은 기본적으로 같은 금융, 통화 정책을 시행할 필요가 있다. 그것은 가장 엄격한 규율로 인플레이션을 억제하는 독일의 금융, 통화 정책을 다른 유로 가맹국이 받아들여야 함을 의미했다.

그러나 유로 가맹국의 경제 수준은 어느 나라도 같지 않다. 경제적으로 풍요로운 나라도 있는가 하면 빈곤한 나라도 있다. 경제를 활성화하기 위해 금융 완화를 필요로 하는 나라가 독일의 엄격한 금융 긴축에 발맞추게 되면 자국의 경제가 점점 침체에 빠진다. 이러한 유로의 모순이 분출하여 2009년 그리스 사태와 유럽 채무 위기로 이어졌다.

이전의 엄격한 독일이라면 필시 그리스와 손을 떼고 유로에서 탈퇴시키는 길을 선택했겠지만, 리먼 사태 직후라는 점도 있어 그리스 사태 때는 ECB가 대폭 금융 완화를 단행하기로 용인하여 어려움에 부닥친 나라에 자금을 공급했다. 이 사건으로 인해 분데스방크의 금융,

통화 정책에 대한 기조가 다소 변했다는 인상을 받은 것
도 사실이다.

기관 투자가의 견해를 파악하는 ZEW 경기기대지수

또 하나 독일에는 주목받는 경제지표가 있다. 바로
'ZEW 경기기대지수'다. ZEW란 독일의 민간 경제 연구
소인 유럽경제연구센터를 말하는데, ZEW 경기기대지수
는 6개월 후의 경기 기대감을 나타내는 것이다. 기본적
으로 읽는 방법은 숫자가 50을 웃돌면 경기에 낙관적인
견해, 50을 밑돌면 경기에 비관적인 견해임을 나타낸다.

이것도 매달 설문조사를 실시하여 그 결과를 매달 중
순에 발표한다. 실시간성이 높으므로 주목받는 경제지
표인데, 재미있는 것은 설문조사를 실시하는 대상이다.
이러한 류의 설문조사는 경영자를 대상자로 하는 경우
가 많은데, ZEW 경기기대지수는 애널리스트와 기관 투
자가 등 약 350명을 대상으로 한다.

ZEW 경기기대지수가 시장에 주는 영향은 거의 없다.

다만 설문조사 대상이 기관 투자가 등이라는 점에서 그들이 어떠한 심리 상태에 있는지, 무엇에 주목하고 있는지를 파악하는 데에 도움이 되는 경제지표다.

20

인도의 경제지표
앞으로 중국을 추월할 '큰 코끼리'의 저력

세계 경제에서 왜 중국이 존재감을 유지할 수 있었는가? 바로 인구가 많았기 때문이다. 선진국에 비해 훨씬 싸고 또 풍부한 노동력을 활용하여 노동 집약적인 산업을 육성하고, '세계의 공장'으로서 군림해 왔다.

그러나 서서히 중국 노동자의 임금은 상승하고, 세계의 공장으로서의 매력을 잃어가고 있다. 지금 중국은 14억 2,589만 명(2022년 7월 1일 현재)이라는 인구를 활용하여 재화를 만들어내는 공장이 아니라, 세계 최대급 소비 시장이라는 위치로 자리매김하며 경제 성장을 유지하려고 한다. 이 전략은 과연 성공할 것인가?

UN이 2022년 7월에 발표한 '세계인구추계 2022년판'에 따르면, 2023년에는 인도의 인구가 중국을 추월해 세계 최다 인구를 가진 나라가 중국에서 인도로 바뀔 것이라는 예측을 발표했다. 덧붙여 중국은 지금부터 합계 특수 출생률의 저하와 생산연령인구의 감소, 고령화율의 상승도 우려되는 상황으로, 인구 감소에 제동을 거는 정책이 성공을 거두지 못하면 총인구로 인도와의 격차가 확대될 가능성도 있다.

인도 경제의 독특한 점은 경제 발전의 패턴이 일본과 중국, 대만, 한국 등과 전혀 다르다는 점이다. 일본이 선진국의 꼭대기까지 오른 과정을 보자. 일본은 광산 자원을 팔아 자금을 얻어 도미오카 제사장(일본 근대화 시기의 견직물 공장. - 옮긴이)을 비롯한 생사 산업을 육성해 생지천을 전 세계로 수출하여 직기를 제조하는 기업이 세워지고, 도요타자동직기와 같은 기업이 자동차 생산에 나서며 점점 공업 경제의 규모가 확대되어 그것이 서비스 산업으로 전환되는 흐름이었다. 중국과 한국, 대만도 그리 다르지 않다.

그런데 인도의 경제 발전 패턴은 이것과는 전혀 다르다. 공업화의 과정을 건너뛰고 갑자기 서비스업 중심의 산업 구조가 만들어진 것이다. 그 이유는 인도인 대부분이 영어를 구사할 수 있기 때문이다. 인도는 영국의 지배를 오랜 세월에 걸쳐 받으며 교육과 법률 제도는 영국에 근거한 것이 아직도 사용되고 있다. 그 때문에 인도는 공업화 과정을 거쳐서 나라의 경제력을 강화하지 않고, 갑자기 유럽·미국 선진국의 IT 기업 프로그래밍 거점으로 디지털 산업을 유치할 수 있었다. 현재 IT 산업의 아웃소싱처로 인도는 공고한 지위를 구축했다. 이와 동반하여 엔터테인먼트나 의료, 금융 등 다른 서비스 산업도 육성하기 시작했다.

물론 인도 정부도 서비스 산업 단일 구조로 인도 경제가 발전할 수 있으리라고는 생각하지 않으므로 제조업에도 힘을 쏟기 시작했다. 제조업을 발전시키는 데에 있어서 도로와 전기 등의 인프라가 전혀 갖춰져 있지 않다는 점이나 원유를 보유하지 못한 점 등의 과제는 있다.

하지만 국민 대부분이 영어를 구사할 수 있다는 점은 다른 나라에 비해 큰 이점으로 작용하며, 인구도 꽤 젊으므로 앞으로의 발전이 기대되는 나라다.

참고로 인도의 GDP에서 서비스업이 차지하는 비율은 60% 정도이며, 제조업은 20% 정도다. 이렇게 숫자를 보면 현시점에서도 제조업의 비율은 일본이나 중국과 비교해도 그렇게 손색이 없다.

이렇듯 미래의 성장성이라는 점에서 인도는 분명 주목해야 할 국가인데, 지금 상황에서 인도의 경제지표로 보아야 할 것은 거의 없다. 그 이유는 입수할 수 있는 인도의 경제지표가 너무나 적기 때문이다. 미국의 경기선행지수와 같은 복합 지수도 없다. 그나마 입수하기 쉬운 지표로는 '광공업생산지수'와 '소비자물가지수' 정도인데, 경제지표를 입수할 수 있는 환경이라면 정기적으로 확인하는 편이 좋다.

21

브라질의 경제지표

인도 이외에 주목해야 할 신흥 국가

인도 이외의 신흥 국가에서 주목해야 할 나라는 브라질이다. 이 나라에는 독특한 특징이 있다. BRICs(브라질·러시아·인도·중국·남아프리카공화국의 신흥경제 5국. – 옮긴이) 중 한 나라라는 점에서 신흥 국가의 이미지가 강하지만, 사실 재미있는 기업을 많이 보유한 나라다.

예를 들면, 엠브라에르(Embraer)와 같은 항공기 제조업체 외에 우주 산업도 있고, 에탄올 공업에서도 첨단을 달리고 있다. 에탄올을 통한 알코올 연료 자동차도 많이 달리고 있고, 에너지 자급자족률은 100%다. 게다가 국토에는 아마존강이 흐르고 있고 다양한 천연자원도 풍부하다. 인구는 2022년 시점을 기준으로 2억 1,551만 명이나 된다.

나쁜 치안과 그 원인의 하나라 말할 수 있는 빈부 격차, 정치의 불안정함과 같은 과제를 안고 있기는 하지만 IT 버블 붕괴나 리먼 사태와 같은 선진국(특히 미국)을 근원지로 하는 금융 불안에 따른 영향을 그다지 받지 않는다는 점도 특징의 하나다. 선진국을 중심으로 한 세계 경제의 호황, 불황에 따른 영향을 비교적 덜 받는 국가라는 점에서, 브라질은 국제 분산 투자 포트폴리오를 고려할 때 포함해야 할 나라 중 하나다.

브라질 경제를 거시적 관점에서 파악한다면 광공업생산지수는 중요한 경제지표의 하나다. 또 브라질중앙은행이 브라질 경제의 기본 금리를 검토하기 위해 '경제활동지수(IBC-Br)'라는 경제지표를 발표한다. 이 경제지표에는 총생산의 추이와 수입 제품, 농업과 공업, 서비스 부문의 성장 예측 등을 가미했으며, 이 숫자가 높을수록 브라질 경제가 활황이라고 해석된다.

MUST-KNOW ECONOMIC INDICATORS
IN THE AGE OF INFLATION

12

제4장

경기를 읽는
단서가 되는 기업

MUST-KNOW ECONOMIC INDICATORS
IN THE AGE OF INFLATION

경기 변동에 가장 민감하게 반응하는 반도체 관련 기업

제2장에서 '내구재 수주'를 설명했다. 내구재란 내구 연수가 3년 이상으로 잘 교체 구입하지 않는 재화로, 예를 들면 제조업이 제품을 만들기 위해 필요한 기계 등이 이에 해당한다.

기업이 새로운 제품을 기획하여 세상에 내놓기까지는 ①계획을 세우고, ②그 계획에 대해 상부의 승인을 얻어, ③예산을 검토하고, ④그 제품을 만드는 데에 필요한 원재료와 기계를 발주하여 입수함으로써 비로소 제조하기 위한 환경이 갖추어진다.

그 중 ④의 단계에서 예를 들자면 제조에 필요한 기계를 모 기계 제조업체에 발주하고, 그것을 모 기계 제조업체가 수주한 단계에서 내구재 수주의 숫자로 집계된다.

내구재에는 다양한 것이 있다. 제품을 조립하는 기계도 그렇고 자동차나 항공기, 가구 등도 내구재에 해당한다. 그리고 이러한 다양한 내구재 중에서도 가장 저렴한 것이 스마트폰과 태블릿, 컴퓨터와 같은 전자제품이다. 그리고 다른 내구재와 비교해서 가격도 비교적 저렴한

데, 이에 사용되는 기술은 나날이 발전하고 있으므로 항상 최신 사양의 제품을 원한다.

이러한 성질을 가진 제품의 숙명으로 제품 라이프 사이클이 극히 짧다는 점을 들 수 있다. 빈번하게 새로운 버전이 등장할 때마다 새로운 스마트폰으로 갈아타는 사람에게 스마트폰 사용 기간이 3년이라고 하면 길다고 말할 것이다.

이렇듯 교체 구입의 사이클이 짧은 내구재는 그만큼 경기의 동향을 강하게 반영한다. 그렇다고 해서 스마트폰이나 컴퓨터의 수주 동향을 보면 경기의 전환점을 빠르게 파악할 수 있는가 하면 그렇지 않다. 왜냐하면 더 이른 단계에서 내구재 수주의 전환점을 포착하고 경기 변동의 조짐을 파악하기 위한 것이 있기 때문이다.

바로 '반도체'다. 스마트폰과 컴퓨터에는 반도체가 다수 사용된다. 당연히 스마트폰과 컴퓨터의 교체 구입 수요, 신규 수요가 떨어지면 그 전에 반도체 수요가 크게 떨어질 것이 분명하다.

경제지표의 설명에서 '시클리컬(Cyclical)'이라는 용어가 자주 등장한다. 의미는 순환적인 경기 변동을 말한다. 경기는 항상 '호황 → 경기 후퇴 → 불황 → 경기 회복'이라는 사이클을 반복하는데, 이러한 경기 순환에 강한 영향을 받는 것이 반도체다. 따라서 반도체 관련 수주 동향을 봐두면 경기의 전환점을 한발 빨리 파악할 가능성이 커진다.

ASML과 도쿄일렉트론에 가장 먼저 드러난다

반도체 관련 기업 하면 가장 먼저 떠오르는 것은 대규모 반도체 제조업체일 것이다. 전 세계에 인텔이나 삼성, 퀄컴, 텍사스인스트루먼트, 엔비디아 등 반도체 제조업체가 있다. 일본 구마모토에 공장을 세워 화제를 모은 대만의 TSMC는 이러한 반도체 기업으로부터 위탁받아 반도체 제조 자체를 하청받는 '파운드리'다.

이러한 기업은 반도체 그 자체를 제조하는데, 반도체의 동향을 조금 더 빨리 파악하기 위해서는 반도체 제조

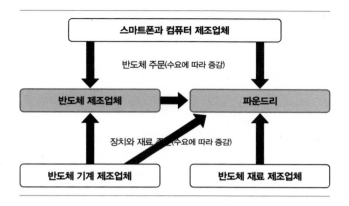

의 한 단계 더 '전 단계의 동향'을 파악할 필요가 있다.

반도체는 대단히 미세한 작업을 필요로 하므로 사람 손으로 작업할 수 없다. 이 때문에 '반도체 제조 장치'라고 불리는 장치가 이용된다. 따라서 반도체 제조 장치의 매출 동향을 보면 경기 사이클의 전환점을 한발 빠르게 파악할 가능성이 커진다.

현재 상위 반도체 기업은 세계 최고의 매출액을 내는 삼성을 비롯하여 베스트 10은 모두 일본 외의 기업이 차지하고 있다. 삼성의 2021년 반도체 매출은 759억 8,000만 달러였다. 참고로 1990년대까지 반도체 기업 대부분은 일본 기업이 차지하고 있었으나, 미국·일본 반도체 마찰이라는 무역 분쟁의 영향으로 인해 일본의 반도체 기업은 세계 점유율이 대폭 떨어졌다. 2021년 매출로 일본 국내 최고의 반도체 기업은 키옥시아로, 매출액은 129억 4,800만 달러를 기록했는데 이는 삼성의 6분의 1에 지나지 않는다.

이렇듯 일본의 반도체 기업은 세계적으로 보아 상당히 패색이 짙은데, 반도체 제조 장치 등 반도체의 주변 사업은 아직 일본 기업의 강점이 남아있다. 도쿄일렉트론이라는 회사는 반도체 제조 장치로는 세계 3위의 점유율을 가지고 있고, 시가총액은 7조 엔이다.

매출은 2조 엔으로 2026년 회계연도에는 매출액 3조 엔, 영업이익률 35% 이상을 목표로 향후 5년간 1조 엔 이상의 연구개발비를 투자하여 최첨단 영역에서 시장 개척을 노린다고 발표했다.

재무 면에서도 유이자 부채는 제로다. 다시 말해 무차입 경영을 하고 있으며, 자기 자본 비율은 70% 정도다. ROE가 37.2%, ROA가 23.1%, 배당이율은 3.85%다(《회사 사계보 2022년 4집 가을호》수치). 주가 자체가 상당히 높으므로 개인이 가볍게 투자할 수 있는 회사는 아니지만, 우량 기업이다.

해외에서 도쿄일렉트론에 가까운 회사를 찾으면 네덜란드의 ASML이 있다. ASML은 네덜란드 펠트호번이라는 곳에 본사를 둔 반도체 제조 장치 업체로, 반도체 노광 장치를 만드는 세계 최대의 기업이다. 세계 16개국에 60개 이상의 거점을 두고 있으며, 일본에도 자회사가 있다. 반도체 노광 장치로는 이 회사가 거의 시장을 독점하고 있는 상태다.

여담이지만, 이 반도체 노광 장치에는 '액침'이라는 기술이 사용된다. 원래 이 액침 노광 기술에 관한 기본 특허는 일본의 니콘이 보유하고 있어 노광 장치의 세계 시장점유율은 니콘이 50%, 캐논이 25%인 시기도 있었다. 그러나 일본이 이 분야에서 약진하는 데에 위기감을 가진 미국이 ASML과 협력하여 지금의 세계 시장점유율을 구축했다. 반도체의 세계 동향을 파악하기 위해서는 도쿄일렉트론과 ASML의 실적, 주가 등을 보면 대략적인 모습이 눈에 들어온다.

그렇다면 도쿄일렉트론이나 ASML은 어디에 제품을 납품하고 있는가? 바로 대만의 TSMC다. 앞서 말했듯이 TSMC는 전 세계 반도체 기업으로부터 주문받아 실제로 반도체를 만드는 회사다. 다시 말해 도쿄일렉트론이나 ASML에게 TSMC는 반도체 제조 장치를 사주는 소중한 고객이다.

경기 움직임에 한발 먼저 반응하는 B2B 기업

경기의 전환점을 기업 활동의 측면에서 알아내기 위해서는 세 가지 관점이 있다. 첫 번째는 앞서 말했듯이 '제품의 제조 공정 흐름에서 경기를 파악하는 방법'이다. 제조 공정의 원류는 원료다. 석유, 철광석, 귀금속, 희귀금속 등 원료를 가공하여 철강, 시멘트, 기타 소재가 만들어지고 이것을 가공함으로써 다양한 부품이 완성된다.

반도체로 말하자면 규소라는 원료가 있는데, 여기서 금속 실리콘을 추출하여 다결정 실리콘을 만들고, 나아가 여기서 단결정 실리콘을 추출해 단결정 잉곳으로 만든다. 이 단결정 잉곳을 잘라서 만들어지는 것이 반도체의 소재가 되는 '실리콘 웨이퍼'다.

그리고 실리콘 웨이퍼의 표면에 전자 회로가 형성되고, 전자 회로가 형성된 실리콘 웨이퍼를 잘게 절단하여 반도체 칩이라는 부품이 만들어진다. 도쿄일렉트론이나 ASML은 이 실리콘 웨이퍼에 전자 회로를 형성하기 위한 반도체 제조 장치를 만들어 반도체 제조업체에 공급하고 있으며, TSMC는 반도체 제조 장치를 사용하여 반도체 칩을 제조한다.

그 후는 완성된 반도체 칩을 스마트폰이나 태블릿, 컴퓨터, 자동차 등 다양한 완성품에 장착하여 최종 제품이 만들어진다. 그리고 이 최종 제품이 매장에 진열되어 소비자와 만나게 된다. 정리하자면 다음과 같은 일련의 흐름이 있다는 사실을 알 수 있다.

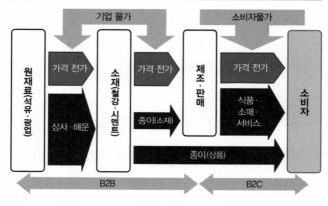

상류의 원재료에서 하류의 소비자까지

출처: 복안경제교실

① 원재료를 채굴한다.

② 원재료를 가공하여 소재를 만든다.

③ 소재를 가공하여 부품으로 만든다.

④ 부품을 조립하여 최종 제품을 만든다.

⑤ 제품을 매장에 진열한다.

⑥ 최종 소비자가 구입한다.

이것은 어떠한 제품도 거의 비슷하다. ①~⑤까지가

B2B(Business to Business), 다시 말해 기업 간 거래다. 조금 더 설명하자면 이 ①~⑤까지의 거래에 적용된 가격을 지수화한 것이 '기업물가지수'다.

이 흐름을 보고 알아차린 독자도 있겠지만, 아무리 미국의 개인 소비가 GDP의 60~70%를 차지하고, 그 동향이 경제 활동에 큰 영향을 미친다고 하더라도 최종 소비자의 행동으로 밝혀지는 경기 전환의 신호는 지극히 후행적이라고 말할 수 있다.

다만 최종 소비자가 실제로 매장에 가서 상품을 사는 행동은 경기에 대해 후행적이라고 하더라도, 최종 소비자의 심리 변화는 경기 변동에 대해 선행적이다. 게다가 내구재 중에서도 스마트폰이나 태블릿, 컴퓨터 종류는 가장 가격이 싸고 상품 사이클이 빠르므로 경기 변동에 대해 재빠르게 반응하는 경향이 엿보인다. 그래서 이러한 상품의 원재료에 해당하는 '반도체'에 주목하는 것이다.

장세 순환으로 경기 변동을 파악한다

경기의 전환점을 밝혀내는 두 번째 방법은 '장세 순환을 보는 방법'이다. '장세'라고 해도 다양한 것이 있는데, 여기서는 주가와 금리에 주목하기로 한다.

주가와 금리는 밀접한 관계가 있다. 불경기로 주가가 떨어지기 시작하면 정부는 다양한 경기 대책을 강구하는 동시에 중앙은행은 정책 금리를 내리는 등 금융 완화책을 펼친다. 그 결과 시중에 유통되는 자금의 양이 늘어나 자금이 남는 상태가 된다. 이렇게 생겨난 잉여 자금은 기업의 설비 투자에 사용되거나 주식시장으로 흘러 들어가거나 해서 불경기 속 높은 주가를 만들어낸다. 이것이 '금융 장세'다.

이대로 금융 완화가 이어지면 서서히 기업 실적이 회복된다. 금융 장세 아래에서 이루어진 설비 투자가 효과를 나타내는 것이다. 그 결과 기업 실적의 회복, 호조가 평가받아 주가는 더욱 상승한다. 이것을 '실적 장세'라고 한다.

그러나 기업 실적이 고점에 이르고 개인 소비가 점점

늘어나면 경기가 점점 과열되어 인플레이션이 심각해진
다. 인플레이션은 통화 가치의 저하로 이어지므로, 중앙
은행은 이를 회피하고자 서서히 정책 금리를 인상하는 등
금융 긴축 정책으로 전환한다. 이것이 '역금융 장세'다.

역금융 장세 아래에서는 금리가 상승해도 실적 면에
영향이 적은 기업의 주가는 매수되지만, 대체로 주가는
정점을 찍고 많은 종목의 주가가 하락세로 전환한다. 금
융 긴축이 이어지면 서서히 경기는 얼어붙는 동시에 물
가 상승도 진정된다. 이 시점의 주식시장은 기업 실적의
악화를 반영하여 많은 기업의 주가가 하락한다. 이것이
'역실적 장세'다.

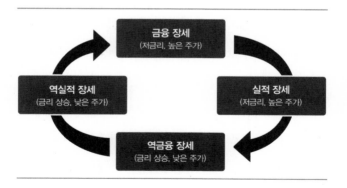

정리하자면, '금융 장세 → 실적 장세 → 역금융 장세 → 역실적 장세'라는 순서로 사이클이 형성되어 다시 금융 장세로 되돌아간다.

경기 전환기의 금융업계 움직임을 주목한다

금융 장세는 중앙은행의 금융 완화로 인해 시작되는데, 이 선행 지표로 금융업계에 움직임이 나타난다. 은행과 증권회사가 그 대표적인 업종이다. 금융 완화로 기업의 자금 조달이 활발해지므로, 은행이나 증권회사는 활약할 여지가 넓어진다.

그렇다면 실제 현상은 어떠한가를 봐야 한다. 가령 노무라홀딩스의 상황을 업계지도인 《회사 사계보(2023년 1집 신춘호)》에서 보면, '시장 부문은 외환 관련 거래가 높은 수준이지만, 주식은 둔하다. 개인과 투자 은행의 회복이 예상 이하로 세전 이익이 기대치를 밑돌고, 이익 감소로 전환'이라고 되어 있다. 또 다이와증권그룹 본사도 'M&A와 주식 인수의 회복이 둔하다. 개인의 주식, 투자

신탁 상품 매매가 저조하다. 시장 부문의 부진이 예상 이상으로 길어져 전호 대비 경상이익 감액'으로 되어 있어, 대체로 증권 업계는 상황이 좋지 못하다. 그 밖에도 주식을 상장한 증권회사는 있지만, 모두 '이익 감소 폭 확대', '연속 적자', '기대치를 밑돌다', '이익 감소가 이어지다'와 같은 표현이 줄을 잇는다.

다시 말해 주식시장은 상당히 어렵다는 사실이 《회사 사계보》의 의견에는 포함되어 있다. 실제로 2022년 이후 주식시장은 주가가 일진일퇴하며 좋은 상황이 적다.

그렇다면 은행은 어떨까. 대형 시중은행도 선행 지수와 같은 움직임을 보이는 경우가 있다. 예를 들어 미즈호 파이낸셜그룹의 상황을 《회사 사계보》로 살펴보면 '대기업과 해외 대상 융자 호조'라고 되어 있다. '해외 대상 융자 호조'라는 점에서 일본 국내에서는 차익금을 벌어들일 수 없어 해외로 진출함을 알 수 있다. 미쓰비시UFJ파이낸셜그룹도 '해외도 융자나 투자 은행 업무 증가'라고 되어 있다.

이렇듯 대형 시중은행이 해외에서 투·융자를 적극적

'이익 감소 폭 확대', '연속 적자',
'기대치를 밑돌다', '이익 감소가 이어지다',
'하락세로 전환', '하락이 이어지다',
'대폭 이익 감소', '적자 전락', '고전'

으로 하면 할수록 일본에서 해외로 자금이 유출되어 외국환 시장에서는 엔저·달러고가 된다. 실제로 2022년 10월에 1달러=151엔대까지 엔저·달러고가 진행되었다.

그렇다면 그 후 엔고·달러저로 전환한 이유는 무엇일까? 지금껏 일본에서 미국 등에 자금이 유출되었으나, 이 시점이 되자 미국 경기에 향방이 불투명해지며 미국의 장기 금리가 낮아지거나 주가도 불안정해진다. 그러자 미국 등 해외에서 일본으로 자금이 돌아온다. 이것이 엔고·달러저의 원인 중 하나다.

그렇다면 해외 금융 기관은 어떨까. 대표적인 곳으로 골드만삭스와 뱅크오브아메리카를 들어 살펴보자. 미국

기업의 개황 등은 도요게이자이신보사가 발간하는 《미국 회사 사계보》(이하 2022년 판 가을·겨울호의 정보)에 실려 있으므로 이것을 참고하면 된다.

골드만삭스는 이 책의 기업 개황에 '비자 등 국제 브랜드와 제휴하여 결제 사업을 강화 중. 미상장 주식 등 비전통적 상품의 확대에 서두르고 있다'라고 되어 있으며, 실적 개황에는 '2022년 상반기는 채권 매매 중개가 호조, 개인 대상도 잔고가 증가했으나 주식·채권 모두 인수 안건이 감소하며 투자 은행 부문이 급감속'이라고 되어 있다.

인수 안건이란 IPO를 말한다. 2021년은 미국 주식시장에서 IPO가 기록적인 숫자였지만, 그 반동도 있었던 탓에 2022년은 저조하게 끝났다. 이것은 동시에 미국 국내 경기가 악화하고 시장 환경도 침체하고 있음을 의미한다.

나아가 '주식의 시가 평가 하락으로 에셋 매니지먼트도 대폭 감소'라고 되어 있는데, 이것은 자산 운용 부문의 잔고가 대폭 감소했다는 뜻이다. 덧붙여 '충당금 확충도 있어 인건비 삭감에도 불구하고 40% 감소, 하반기도 개인과 시장 부문은 탄탄하나 투자 은행과 주식 관련은 개선되지 않고 연간 통틀어 큰 폭 이익 감소'라고 되어 있다. 이처럼 일본의 증권 업계와 마찬가지로 미국을 대표하는 금융 기관도 고전을 면치 못한다는 사실을 알 수 있다.

뱅크오브아메리카도 살펴보자. 기업 개황에는 '3대 미국 은행 중 하나. 은행, 투자, 자산 운용, 재무·리스크 관리 상품·서비스를 폭넓게 제공. (중략) 미국 내 개인 예금 점유율 1위, 신용카드 3위'라고 되어 있다.

이 은행에서 가장 중요한 것은 신용카드 부문이다. 왜냐하면 경기의 상황에 따라 신용카드 사용률이 변하기 때문이다. 경기가 좋아지면 소비가 활발해지며 신용카드 사용률이 상승하고, 반대로 경기가 악화되면 소비가 얼어붙고 신용카드 사용률도 저하된다.

실적 개황을 보면 '2022년 상반기는 M&A 관련 수입이 대폭 감소하는 외에 평가 손실도 있어 비금리 수입이 감소. 다만 금리 인상으로 금리 수입이 늘어 영업 수익 팽창'이라고 되어 있다. 역시 은행이므로 금리 상승이 실적 면에서 순풍 요인이 되었다는 사실을 알 수 있다.

그러나 '비금리 비용은 조사 관련 충당도 있어 전년과 비슷한 수준으로, 전년도 대손충당금 환입 이익 없이 이익 감소로. 하반기도 금리 수입은 늘어나지만 비금리 수입은 내림세. 연간 통틀어 수입 및 이익 감소로'라고 되어 있다. 다시 말해 금리는 상승하지만, 실적 전체를 보면 아직 힘든 상황임을 살필 수 있다.

이렇듯 당시 골드만삭스와 뱅크오브아메리카의 상황을 보면 미국의 시장 상황 전체는 아직 앞날이 어둡다는 사실을 알 수 있다.

다만 주식에 투자하는 사람들에게는 이러한 힘든 상황이야말로 투자의 기회라고 말할 수 있다. 특히《회사사계보》에 적힌 기사의 내용이 모두 부정적일 때는 대체로 바닥을 쳤거나 바닥이 가까워진 경우가 많기 때문이다. 사계보의 의견에 긍정적인 내용이 전혀 없다면, 반대로 매수 시기가 도래했다고 볼 수 있다.

가치 사슬로 경기 전환점을 파악한다

공급 사슬이라는 말을 들어본 적은 있어도 가치 사슬은 잘 모르는 독자도 많을 것이다. '공급 사슬'은 제품의 원재료에서 부품 조달, 제품 제조, 유통, 판매에 이르기까지 물건을 만들고 판매하기까지의 흐름을 말하는데, 이것을 관리하고 최적화하는 일이 공급 사슬 관리다.

이와 달리 '가치 사슬'은 제품의 원재료에서 부품 조달, 제품 제조, 유통, 판매의 각 과정에서 '어떠한 가치가 창조되는가', '어디에 강점, 약점이 있는가'를 파악하기 위한 것이다.

당연히 큰 가치를 만들어내는 활동에 대해서는 이것을 유지하고 강화해나가는 것이 중요하고, 가치를 만들어내지 않는 활동이라면 그만두거나 혹은 효율화를 꾀하려는 방법을 검토할 필요성이 생겨난다. 그 판단을 내리기 위해 가치 사슬이라는 사고방식이 있다.

예를 들어 일본제철을 살펴보자. 일본제철은 일본을 대표하는 제철 회사다. 《회사 사계보》에 따르면 '조강 생산량으로 일본 국내 1위, 세계 4위. 기술로 정평, 고급 강판에서 압도적. 2012년에 스미토모금속과 합병하여 발족'했다고 되어 있다. 세계적으로 보아도 매우 중요한 회사임을 알 수 있다.

　또 상사 중에서 미쓰이물산을 살펴보자. 회사의 특색으로는 '철광석, 원유 생산권익량은 상사에서 단연 최고. 인프라 등에도 강점'이라고 되어 있다. 또 실적 면에서는 연속 증가로 '호주 철광석은 판매 가격 하락이지만 원유, 가스 가격 상승으로 에너지 사업이 신장. 북미 자동차, 가스 배급, 비료 판매도 견조. 환율 효과로 순이익이 기대치를 웃돎. 2023년 회계연도에는 자원 시장 상황에 숨통이 트였으나 석탄 산업 감속으로 이익 하락세 전환'이라고 되어 있다.

　이것만 읽으면 현재 상황에서는 높은 자원 가치가 실적 면에 크게 이바지하고 있다는 사실을 알 수 있다. 그러나 2023년 회계연도에 걸쳐서는 높은 자원 가치로 한

숨 돌렸다는 전망을 바탕으로 석탄 사업이 감속하기도 해서 실적 면은 다소 떨어지는 것은 아닌가 하는 점을 알 수 있다.

미국 기업에 대해서도 살펴보자. 세계 최대급의 소재, 화학 업체인 다우를 들어보려고 한다. 2017년, 다우케미컬은 듀폰과 합병했는데, 2019년 4월에 분리하여 신생 다우로 출범했다. 다우케미컬과 듀폰은 두 회사 모두 화학 분야에서 초대형 기업이었기 때문에 이 합병으로 인해 독점금지법에 저촉될 우려가 생겨 3개의 회사로 분리하게 되었다.

다우는 '화학회사의 화학회사'라고 불린다. 다시 말해 많은 화학회사의 부모와 같은 존재로, 화학회사가 제품을 만들기 위해 사들이는 소재는 이 다우가 제공한다.

《미국 회사 사계보》에 따르면 다우는 '31개국 104개 제조 거점. 주로 플라스틱과 산업용 중간체, 코팅제, 실리콘 사업 등을 전개'라고 되어 있다. 실적 의견을 보면 '2022년 상반기는 주축인 특수 플라스틱과 포장용 자재의 수요 확대, 산업용 중간체와 기능성 재료도 늘어났다.

환율 역풍에도 가격 인상이 전체 수익 증가에 기여'라고 되어 있다. '환율 역풍'이라는 말은 주의해야 하는데, 높은 달러 가치가 다우에는 역풍이었다는 점을 알 수 있다.

나아가 '하반기는 수요, 가격 모두 상한 기록. 원재료, 에너지 비용 상승이 영향을 미쳐 채산 악화. 연간으로는 수익 증가이지만 이익 감소가 불가피'라고 되어 있다. 이 문구를 보면 2022년 후반부터 미국 경기가 확연히 감속했음을 확인할 수 있다.

또 다우케미컬과 합병한 후 분리한 회사 중 하나인 듀폰은 역시 세계 최대급 화학품 제조업체다. 실적 개황을 보면 '2022년 상반기는 반도체 관련 견실, 매수한 전자파 실드 등이 더해져 하이테크용이 대폭 증가. 쉘터 호조, 물 관련도 가격 인상이 기여. 원재료 비용 상승, 구조조정 비용 계상. 전기 계상한 사업 매각 이익은 사라짐. 하반기도 수요가 탄탄하지만 환율 역풍. 매각한 바이오 머티리얼이 사라져 연간 매출 예측 인하'라고 되어 있다. 듀폰에서도 높은 달러 가치가 실적에 부정적이라는 점을 이 문장에서도 읽어낼 수 있다.

미국에는 소재와 농업, 에너지 등 나라의 근간을 지탱하는 중요 산업에 세계적인 대기업이 많이 있다. 특히 재화를 수출하는 미국 기업에 2022년 가을쯤부터 진행된 달러 가치 상승은 실적 면에서 매우 혹독한 환경을 가져왔다. 이것은 다우와 듀폰의 실적 개황에 적힌 문장에서도 엿볼 수 있다.

인플레이션 억제 역할을 하는 달러 가치 상승

그렇다면 왜 미국은 높은 달러 가치를 용인해 왔을까? 지금까지의 미국이라면 자국의 수출 산업에 마이너스가 되는 높은 달러 가치를 용인하지 않았다. 결국 1달러=151엔이 되어서도 미국 정부에서 높은 달러 가치를 견제하는 발언이 거의 나오지 않은 것은 놀랍다고밖에 말할 수 없다.

이유로 들 수 있는 것은 미국에서 그만큼 인플레이션이 위협적이었다는 것이다. 미국 경제를 지탱하는 것은 소비자로 직결되는 서비스업이다. 소비자물가지수가 계속 상승하면 미국 경제를 지탱하는 개인 소비가 단번에 얼어붙고, 따라서 미국 경제가 침체에 빠질 리스크가 있었다.

그런데 인플레이션이 심각해지는 속에서 우연히 높은 달러 가치라는, 미국의 물가를 억제하는 힘이 작용하기 시작했다. 미국으로서는 이를 이용하지 않을 이유가 없었다. 높은 달러 가치가 유지되면 미국이 해외로부터 수입하는 다양한 재화의 달러 환산 가격이 내려가서 미국 내에서 인플레이션을 억제할 수 있다.

그 결과 미국으로서는 다소 제조업을 희생해서라도 인플레이션으로 인해 개인 소비가 추락하는 사태를 회피하고자 했으리라 추측한다.

이상 《회사 사계보》와 《미국 회사 사계보》의 내용에서 읽어낼 수 있는 가치 사슬의 이야기를 했다. 이것은 각 회사가 작성한 통합 보고서나 유가증권 보고서, 주주 서한과 같은 IR 관련 자료에서도 읽어낼 수 있다.

그 기업이 가장 힘을 쏟고 있는 사업 분야는 무엇인

지, 그 사업 분야를 둘러싼 경제 환경은 어떠한지 등을 머릿속에 그리며 자료를 훑어보면 경기의 전환점뿐만 아니라 기업의 강점, 약점 등도 파악할 수 있어 실제로 주식 투자하는 데에 참고가 된다.

GAFAM의 실적으로는 경기를 읽을 수 없다

미국 하면 IT 기업이 가장 먼저 떠오를 정도로 세계적으로 유명한 기업이 많이 있다. GAFAM이라고 불리는 구글(Google), 애플(Apple), 페이스북(Facebook, 현 Meta), 아마존(Amazon), 마이크로소프트(Microsoft) 등은 그야말로 전형적인 사례다. 실제로 미국의 주식시장에서도 압도적인 시가총액을 보유하며 이들 기업의 주가 상승이 미국 주식시장의 성장을 견인하고 있다고 해도 과언이 아니다.

다만 IT 기업은 사실 경기의 전환점을 파악하는 데에 그다지 참고가 되지 않는다. 그렇다기보다는 인터넷 기업 대부분은 디플레이션을 촉진하는 존재라고 말할 수 있다.

특히 스마트폰이 보급됨으로써 그 경향이 한층 더 현저해졌다. 그도 그럴 것이 스마트폰을 매개로 하여 인터넷에 접속함으로써 무료 엔터테인먼트를 즐길 수 있게 되었기 때문이다. '아마존은 소매업이니 실제 현실과 밀접하게 이어져 있다'라든지 '애플은 스마트폰 제조업체다'라든지 여러 가지 의견은 있겠지만, 가령 아마존의 비즈니스 모델을 분석해 보면 현재 시가총액 중 소매 부문의 평가 가치는 거의 제로에 가까운 상황이다. 그뿐만 아니라 소매 부문은 비용 요인이라고 여겨지며 주식시장에서는 거의 평가받지 못한다.

그렇다면 무엇이 아마존에 그만큼의 시가총액을 안겨주었을까? 그것은 AWS라는 클라우드 서비스다. AWS란 아마존 웹 서비스(Amazon Web Services)의 약자로, 인터넷을 경유하여 대여 서버와 데이터베이스, 저장 공간, IoT 시스템 구축, 기계 학습 등 다양한 클라우드 서비스를 제공받을 수 있는 것이다.

마이크로소프트에서도 기존이라면 엑셀(Excel)이나

윈도(Windows)와 같은 소프트웨어를 개발하여 판매했는데, 지금은 이러한 패키지 소프트웨어를 아키하바라의 전자상가 매장에서 판매하는 모습을 볼 수 없게 되었다. 왜냐하면 소프트웨어는 이미 판매하는 컴퓨터에 들어 있고, 서비스 대부분이 클라우드로 제공되고 있기 때문이다.

그렇다면 스마트폰과 태블릿, 컴퓨터를 개발, 제조, 판매하는 애플은 어떨까. 애플은 일단 제조업이기는 하지만, 2022년도 매출 구성을 보면 서비스가 20%를 점하고 있다. 서비스에 포함된 것은 애플스토어나 애플페이, 애플뮤직 등이다. 참고로 컴퓨터인 매킨토시의 매출 비율은 10%, 태블릿인 아이패드가 7%이니 이것을 합해도 서비스의 매출 비율이 더 높다.

그리고 이러한 클라우드 서비스는, 이로부터 얻을 수 있는 매출은 경기의 영향을 그다지 받지 않는다는 특징을 가지고 있다. 게다가 클라우드를 통해 제공되는 각종 서비스는 높은 기술력을 이용해 제작한 것을 높은 가격으로 제공하는 것이 아니라, 전 세계에 폭넓고 저렴하게 과금하는 것이므로 요금 체계는 매우 저렴하다. 그 점에서도 디플레이션적인 존재로 여겨진다.

앞서 말했듯이 스마트폰과 컴퓨터 등 하드웨어에 대한 수요는 경기에 대해 민감하게 반응하고, 그 선행 지표인 반도체와 반도체 제조 장치 등의 동향을 통해서 경기를 선행하여 파악할 수 있다. 한편 스마트폰과 컴퓨터를 통해 접속하는 서비스는 경기 동향에 반응이 둔하고, 따라서 경기의 앞날을 판단하는 재료가 되지 못한다.

IT 관련 기업은 GAFAM 등으로 불리며 미국 경제의 최첨단을 달리는 이미지가 강하지만, 경기의 판단 재료가 되지 못한다는 점은 이해해 두는 편이 좋다.

제5장

상품과 경기의 관계

MUST-KNOW ECONOMIC INDICATORS
IN THE AGE OF INFLATION

경기에 가장 민감하게 반응하는 원유 시세

코모디티(Comodity, 원자재 및 1차 상품. – 옮긴이)란 '상품 시세'를 말한다. 1차 상품은 금, 은, 백금 등의 '귀금속', 알루미늄이나 고무, 팔라듐 등의 '공업품', 원유나 천연가스 등의 '에너지', 대두, 옥수수 등의 '곡물'이 있다. 그밖에는 돼지고기, 오렌지주스, 커피콩과 같은 것을 가리키며, 매일 상품 선물 거래로 매매된다.

인플레이션이란 물건의 가격이 오르는 것이므로 세상이 인플레이션 분위기에 물들면 상품의 가격도 상승한다. 실제로 옛날에는 그러했다. 상품 가격이 인플레이션의 선행 지표로 여겨진 시기도 있었다. 그것은 경제 규모 그 자체가 작고 국가 간 무역 거래도 한정적이며 거래되는 품목이나 재화, 서비스의 종류가 적었던 시대의 이야기다. 그러한 시대에는 상품의 가격 움직임에 인플레이션이 잘 반영되는 상황이었다.

그러나 오늘날은 경제 활동이 현격히 복잡해졌다. 그 탓인지 인플레이션으로 상품 가격이 꼭 오른다고만은

할 수 없게 되었다. 그중에서도 경기와 물가를 가장 민감하게 반영하는 상품은 '원유'다. 원유 가격에도 여러 가지가 있는데, 미국산 원유인 WTI(서부 텍사스산 원유), 북해산 원유인 블렌트유, UAE산 원유인 두바이유가 주된 종류로, 이 중 세계 원유 가격의 지표적인 존재가 미국산 원유인 WTI다.

원유란 유전에서 채굴한 석유를 말한다. 이것을 정제함으로써 휘발유나 등유, 경유, 중유 등의 연료로 만들거나, 원재료로 하는 나일론이나 폴리에스터, 플라스틱, 합성 고무, 합성 세제 등이 만들어진다. 모든 경제 활동의 바탕이 되는 에너지원이기도 해서 세계적으로 경제 활동이 활발해지면 원유 가격이 상승하고, 반대로 경제 활동이 정체되면 원유 가격은 하락한다.

원유 수급은 무엇에 의해 좌우되는가 하면, 그것은 중국과 인도의 영향이 커졌다. WTI의 가격은 1980년대부터 2000년 정도까지 1배럴당 20~40달러 범위에서 추이했다. 그것이 2000년 이후는 상승 곡선을 그리며 2008

년 7월에는 사상 최고인 1배럴=147달러를 기록했다. 이 수퍼 사이클의 원인이 된 것이 중국의 경제 성장이다. 그후 원유 가격은 급락, 급상승을 반복했는데 2021년 중국의 원유 수입량은 20년 만에 전년 대비 마이너스가 되었다. 그러나 2023년에는 제로 코로나 정책의 해제로 인해 다시 크게 상승할 것이라는 예측도 발표되었으므로, 당분간은 중국의 경제 정세가 원유 가격 동향에 미치는 영향이 크다고 말할 수 있다.

또 하나 경기에 민감하게 반응하는 상품이 있다. '동'이다. 동은 반도체나 전선 등에 사용되는 것 외에 다양한 산업에서 사용되는 금속으로, 경기가 좋아지거나 인플레이션 우려가 강해지면 가격이 상승하는 경향이 보인다. 원유 가격과 더불어 확인하면 좋다.

그리고 원유 가격에 대해서는 경기 동향에 따른 영향이 크긴 하지만, 그 외의 요인으로 가격이 좌우되기도 한다. 예를 들어 2022년 WTI 가격이 크게 튀어 오른 것은 결코 세계 경기가 초호황이었기 때문은 아니다. 배경이

된 이유는 우크라이나와 러시아 간의 전쟁이다. 이로 인해 세계적으로 자원의 수급 동향이 왜곡되어 원유 가격의 급등으로 이어졌다. 원유 가격을 볼 때는 이러한 지정학적 요인도 고려해야 한다.

곡물, 식량은 경기 이외의 요인이 강하게 영향을 미친다

원유와 동은 경기에 민감하다는 특징을 가지고 있는데, 다른 상품들에 대해서는 경기 이외의 요인이 가격 변동에 강하게 영향을 미치기도 한다.

예를 들어 커피콩은 산지에서 커피나무가 병들거나 이상 기후나 사이클론으로 나무가 쓰러지거나 다양한 자연적 요인으로 생산량이 증감하여, 이것이 수급 동향에 영향을 미쳐 커피콩의 가격을 변동시키기도 한다. 이것은 옥수수나 대두 등, 다른 곡물류의 가격 변동도 마찬가지다. 옥수수는 가축의 사료가 되므로, 옥수수의 가격 변동은 식육용 가축의 가격에도 영향을 미친다.

가령 옥수수 가격이 급등한 해 혹은 이듬해는 쇠고기

가격이 하락한다는 관계가 있다. 옥수수 가격이 급등하면 가축을 먹일 사룟값이 오르므로 서둘러 도축하기 때문이다. 그 결과 쇠고기 공급이 늘어나 쇠고기 가격이 하락한다. 다만 그다음 해는 본래 출하할 소의 두수가 줄어들어 쇠고기 수급이 빠듯해져서 가격은 상승한다.

또 하나 예로부터 지나친 가격 변동을 보이는 상품이 있다. 목재다. 코로나 위기가 한창이던 2021년, 목재 가격이 급상승하면서 우드 쇼크라고 일컬어졌다. 목재 가격은 주택 시장이 활황일 때는 상승하고 저조할 때는 하락하는 경향이 있는데, 우드 쇼크 때는 주택 시장의 동향 이외의 요인이 겹치며 목재 가격의 급등으로 이어졌다. 그것은 코로나 위기의 영향으로 도시나 항구의 봉쇄가 일어남으로써 목재 수출 규제가 이루어지는 등, 공급 사슬이 혼란에 빠지며 목재 가격이 급등한 것이다.

덧붙여 2023년 2월 현재는 우드 쇼크라고 불릴 때만큼 가격은 혼란하지 않고, 코로나 이전 수준으로 되돌아왔다. 금리 상승으로 인한 주택 건설 수요의 후퇴 우려도 목재 가격의 진정에 영향을 미쳤다.

달러와 상품 가격은 반비례 관계

지금껏 설명한 상품의 가격 변동 요인은 기본적으로 수급 동향에 따른 가격 변동이었다. 그리고 이것을 바탕으로, 상품의 가격은 금융 정책에 따른 영향도 강하게 받음을 기억해 두자.

가령 미국이 금융을 긴축했다고 하자. 금리는 올랐다. 그러자 달러가 매수된다. 다시 말해 달러 가치가 상승한다. 이 영향을 받아 상품 가격은 하락한다. 반대로 미국이 금융 완화를 시행하면 금리는 내려간다. 이로 인해 달러는 매도되고 상품 가격은 상승한다.

왜 이러한 움직임을 보이는가 하면 상품에는 '리스크 자산'이라는 측면이 있기 때문이다. 금리가 상승하면 달러가 매수되는 것은 당연한 현상이다. 말할 나위 없이 금리가 높은 나라에 자금이 몰리기 때문이다.

이와 동시에 미국의 금리 인상으로 인해 투자 자금은

가격 변동의 리스크가 큰 상품보다 안정된 이자 수입을 확보할 수 있는 미국 국채에 매력을 느끼게 된다. 게다가 금리가 상승하고 있으니 '리스크 프리 자산'인 미국 국채로도 어느 정도의 리턴을 얻을 수 있다. 그 결과 상품은 매도되고 미국 국채로 자금이 향한다. 다시 말해 '달러가 오르면 상품의 가격이 내려간다'라는 반비례 상관관계가 생겨난다.

금융 완화가 시행되면 이와 반대의 움직임을 보인다. 다시 말해 금융 완화로 미국의 금리가 내려가면 달러가 매도된다. 이와 동시에 미국 국채 등 확정 이자 상품의 이율이 내려가고 운용 상품으로서 매력이 떨어지므로, 투자자는 다소 리스크를 지더라도 더욱 높은 리턴을 노린다. 그 때문에 상품 등 리스크 자산에 자금이 흘러 들어가고, 달러 가치 하락과 동시에 상품 가격이 상승한다.

물론 '달러 가치 상승 & 상품 가격 하락'과 '달러 가치 하락 & 상품 가격 상승'이 반드시 일어난다고는 단정할 수 없다. 전쟁 등 유사시에는 양쪽 모두 오르기도 한다. 다만 평소에는 달러와 상품의 가격 사이에 이러한 반비례 관계가 있음을 기억해 두면 손해 보지 않을 것이다.

인플레이션에도 금 가격이 오르지 않는 이유

일반적으로 금 가격에 대해서 잘 알려진 바가 '금은 인플레이션에 강한 자산이다', '인플레이션이 일어나면 금 가격은 오른다'다. 그렇다면 미국 국내에서 인플레이션 우려가 강해진 2022년에 금 가격은 어떻게 움직였을까? 2022년 1월은 1트로이온스=1,800달러 전후로 추이하던 금 가격은 같은 해 3월에 2,000달러를 돌파했다. 그러나 그때부터 하락이 이어지며 11월에는 1,610달러대로 떨어졌다. 점점 인플레이션이 속도를 더해간 1년이었음에도 인플레이션에 강한 금 가격은 하락 일로를 걸었다.

첫 번째 이유는 미국의 금융 정책에 있었다. FRB는 인플레이션의 싹을 잡기 위해 연거푸 정책 금리를 인상했다. 이것이 금 가격에는 부정적인 요인이 되었다. 아무리 큰돈을 들여 금을 사도 금은 물건에 지나지 않으므로 이자를 만들어내지 못한다.

게다가 금리가 상승하면 미국 국채 등의 이자가 올라 매력이 높아지므로, 투자자는 수중의 금을 매각하여 미국 국채 투자로 자금을 돌린다. 그 결과 금리가 오르면 금 가격이 하락하게 된다. 이것이 2022년에 금 가격이 하락한 첫 번째 요인이다.

　또 하나 2022년에 금 가격이 하락한 것은 한편으로 달러 가치가 상승했기 때문이기도 하다. 달러와 금 사이에는 달러 가치가 오르면 금 가격이 하락하고, 달러 가치가 떨어지면 금 가격이 오른다는 관계도 있다.

　왜냐하면 금은 귀금속인 동시에 돈의 일종으로 여겨지기 때문이다. 실제로 1971년 닉슨 쇼크가 일어나기 전에는 금 1트로이온스=35달러의 교환 비율로, 달러와 금을 교환하는 것을 미국 정부가 인정했다.

　달러와 금 가격이 반비례 관계에 있는 것은 이때의 흔적이라고 할 수 있다. 그 이래로 달러가 매도될 때는 금이 매수된다는 움직임이 정착했다. 그리고 반대로 달러가 매수될 때는 금 가격이 하락한다. 이렇듯 금 가격은 금이라는 상품 그 자체에 대한 수급과 더불어 금융 정책이나 달러의 가격 움직임에도 좌우된다.

참고로 과거 금 가격의 움직임을 쫓아보면 금의 투자 성과가 가장 좋은 것은 고 인플레이션 때가 아니라 '저 인플레이션 때'였다. 저 인플레이션으로 저금리인 상황이 금에 투자하여 가장 높은 리턴을 얻을 수 있는 때다.

금을 사들이는 중국인민은행

하나만 더 금에 관한 이야기를 하려고 한다. 일본에서는 그렇지도 않지만, 중동이나 인도, 혹은 중국에서는 금에 대한 신뢰감이 대단히 높다는 경향이 보인다. 참고로 필자의 고향인 튀르키예도 개인이 보유한 자산 중에서 금은 특별 취급을 받는다.

이것은 오스만제국 시대부터의 흐름이라고 생각되는데, 튀르키예는 현금에 대한 신뢰도가 낮고 과거 역사를 돌아보면 인플레이션으로 인해 돈이 종잇조각이 된 적이 몇 번이고 있었다. 그 때문에 예로부터 돈이 남을 때마다 금으로 바꾸는 습관이 자리 잡았다. 따라서 튀르키예의 오랜 상업지구인 그랜드 바자르에 가면 금을 취급하는 보석상이 많다.

튀르키예 이야기는 이 정도로 하고 중국 이야기로 넘어가자. 현재 중국인민은행이 금을 점점 사고 있다. 2022년 11월 금 준비가 32톤 증가했다고 발표한 후, 12월도 30톤 증가, 2023년 1월에는 14톤 늘었다고 발표했다. 이를 통해 2023년 1월 시점의 금 보유량은 2,024톤으로 2019년 9월 말 시점에 비해 76톤이나 증가했다.

이렇게 중국의 금 보유량이 늘어나는 한편, 마찬가지로 중국인민은행이 보유하던 미국 국채 잔고가 감소세를 보이고 있다. 이것은 무엇을 의미할까. 아마도 중국 정부로서는 달러로부터 완전 탈피를 목표로 하는 것이 아닌가 한다.

중국이나 러시아 등 반미를 주장하는 나라라도 국제적 무역 거래에는 달러를 쓸 수밖에 없다. 달러는 기축통화이므로 지금껏 어쩔 수 없이 받아들였지만, 우크라이나 전쟁을 통해 다른 한쪽의 당사자 국가인 러시아에 대한 미국 등 서방 국가의 경제 제재가 가해졌다. 그럼으로써 이윽고 러시아뿐만 아니라 비교적 친러 성향이 강한 중국도 달러 탈피를 위해 움직이기 시작한 것이 아닐까 한다. 그리고 달러의 패권을 무너뜨리기 위해서는 금을 대신으로 사용할 수밖에 없는 것이 중국의 접근 방식이다.

또 가령 그것이 아니라고 하더라도, 지금과 같이 미국이 제멋대로 달러를 찍어내는 상황이 옳은가 하는 질문을 받으면 솔직히 YES라고도 답하기도 어려운 현실이다. 때문에 역시 미국 달러 이외의 자산에도 분산을 꾀하는 방안이 필요하다고 여겨진다.

그러한 의미에서도 앞으로 당분간은 금과 달러의 움직임을 주시하는 편이 좋다.

제6장

인플레이션 시대의
사고로 전환하라

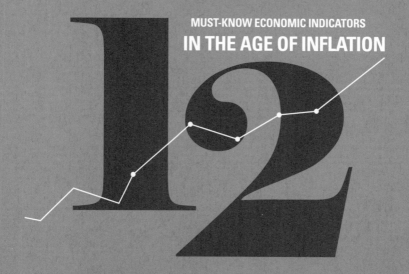

MUST-KNOW ECONOMIC INDICATORS
IN THE AGE OF INFLATION

저인플레이션·저금리 시대는 끝났다

지금 시대는 큰 패러다임의 전환점을 맞이하고 있다. 여기까지 읽은 독자라면 이해했겠지만, 저인플레이션·저금리의 시대가 끝나고 이제 본격적인 인플레이션 시대를 맞이하고 있다. 본격적인 인플레이션 시대가 도래했을 때, 지금까지의 저인플레이션·저금리 시대의 사고방식인 채로 있으면 자산 운용이든 경영이든 힘들어질 것이다. 인플레이션 시대에는 그에 맞는 사고방식을 가지고 자산 운용이나 경영에 임할 필요가 있다. 시대를 보는 관점은 경제지표를 읽음으로써 익힐 수 있다.

저인플레이션(혹은 디플레이션)·저금리 시대는 아무것도 공부하지 않아도 다소 풍족한 생활을 누릴 수 있었다. 왜냐하면 현금의 가치가 상대적으로 오르기 때문이다. 디플레이션은 물건의 가격이 내려가는 경제 현상이다. 1개 1,000엔이었던 물건의 가격이 500엔이 되면 2개 살 수 있다. 이것이 디플레이션이다. 같은 1,000엔이라도 살 수 있는 양이 늘어난다. 그만큼 현금의 가치가 오른다는 것이다.

1개 1,000엔이었던 물건의 가격이 500엔으로 떨어진 다는 것은 1,000엔이 2,000엔이 된 것과 비슷한 현상이다. 다시 말해 1,000엔을 운용해서 2배로 만든 것과 같은 경제 효과를 가진다. 현금을 쥐고만 있어도 그 가치가 2배가 되는 셈이다. 이것은 극단적인 사례이지만 어쨌든 물건의 가격이 계속 내려가는 디플레이션 경제 아래에서는 리스크를 각오하고 돈을 운용하지 않아도 운용한 것과 다름없는 경제 효과를 얻을 수 있다.

일본인은 현금과 예금에 많은 돈을 두고 있다. 2022년 9월 말 시점의 개인 금융자산은 2,005조 엔이다. 이중 현금·예금 잔액은 1,100조 엔에 이른다. 개인 금융자산의 54.9%나 차지한다. 이렇듯 일본인의 현금·예금 신앙이 강한 것은 지금껏 본격적인 운용을 하지 않아도 그나름대로 풍요로운 생활을 할 수 있었기 때문이다.

일본은 1955년 전후부터 1973년 석유파동 때까지 고도 경제 성장을 이루어냈다. 그 사이에 물론 인플레이션이 일어난 때도 있었으나, 그만큼 임금도 점점 상승했기 때문에 물가 상승으로 인해 구매력이 떨어지는 일은 없었다. 또, 지가도 상승했기 때문에 자가를 구입한 사람들은 보유 자산의 가치를 늘릴 수 있었다. 굳이 주식 투자를 하지 않아도 자산을 늘릴 수 있었던 것이다.

버블 경제는 1990년대 들어 붕괴했는데, 이때부터 일본 경제는 본격적으로 디플레이션 국면으로 돌입했다. 앞서 말했듯이 디플레이션 경제 아래에서는 현금을 가지고 있기만 해도 돈의 가치가 오르니, 이때도 일본인은 투자를 하지 않아도 실질적인 자산 가치는 늘어났다. 제2차 세계대전 이후부터 최근까지 일본인은 딱히 자산 운용에 관심을 가지지 않아도 일상생활을 보내는 데에 큰 불편함이 없었다.

그러나 지금부터는 그렇지 않다. 왜냐하면 인플레이션이 자리잡을 우려가 있기 때문이다. 게다가 지금은 일본의 고도 경제 성장기에 생긴 인플레이션처럼 기업이 점점 돈을 벌고 경제의 파이가 점점 확대되는 속에서의 물가 상승이 아니다. 인구 감소로 인해 경제의 파이가 축소되는 속에서 인플레이션에 빠질 우려가 있다.

첫 번째 이유, 양적 완화의 대가

일본에서는 20년 이상에 걸쳐 저금리 정책, 마이너스 금리 정책을 취했는데 이것은 결코 지금 인플레이션의 요인이 아니다. 오히려 저금리나 마이너스 금리와 같은 금리 수준이 인플레이션 요인이라면 일본은 이미 옛날부터 인플레이션이었을 것이다.

인플레이션이 정착하는 최대 요인은 FRB의 극단적인 양적 금융 완화(QE, Quantitative Easing)다. '시작하며'에서도 말했듯이 단기간에 몹시 막대한 FRB의 양적 확대가 이 인플레이션을 불러일으킨 원인이다. FRB가 양적 금융 완화를 단행한 것은 벤 버냉키가 FRB 의장을 맡을 때의 일이다. 리먼 사태로 인한 일시적 유동성의 부족, 미국 경제가 침체에 빠지는 것을 가능한 한 완화하려는 이유로 3번에 걸쳐 양적 금융 완화를 시행했다.

이것도 2014년에는 일단 종료하고, 서서히 시중에 뿌려진 자금의 양을 줄이기 시작한 때에 일어난 것이 코로나 위기다. 2014년 5월에는 4조 5,011억 달러까지 늘어난 미국의 밸런스시트는 팬데믹이 발생하기 직전인 2019년 8월에는 3조 7,615억 달러까지 줄어있었다.

그러나 2020년 들어서 팬데믹이 단숨에 퍼지고, 미국에서는 봉쇄로 경제가 마비되며 이 사이에 경제를 유지하기 위해 자금을 뿌려댔다. 엄청난 금액이었는데, 2022년 3월의 FRB 밸런스시트는 8조 9,624억 달러까지 급증했다.

2019년 8월부터 2022년 3월까지 2년 7개월 만에 FRB의 밸런스시트는 5조 2,000억 달러나 늘어났다. 이것이 어느 정도인가 하면 1달러=135엔으로 환산해서 702조 엔이니, 일본의 연간 GDP를 훨씬 웃돌고도 남는 액수다. 참고로 2022년 일본의 GDP 추계치는 552조 2,921억 엔이다.

다시 말해 일본 국내에서 1년간 만들어진 부가가치를 훨씬 넘어서는 돈다발을 2년 7개월이라는 단기간에 찍어내어 세상에 뿌려댔으니, 경제적으로 아무런 영향이

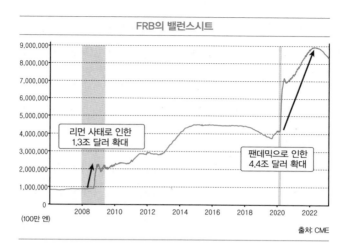

FRB의 밸런스시트

리먼 사태로 인한
1.3조 달러 확대

팬데믹으로 인한
4.4조 달러 확대

(100만 엔)

출처: CME

일어나지 않을 리가 없다. 이것이 물가 상승이라는 형태로 되돌아온 것이다. 여기까지는 '시작하며'에서도 언급한 내용이다.

그렇다면 밸런스시트를 대폭 확대한 만큼, 이것을 회수하면 깔끔하게 정리되는가 하면 그것도 난제다. 미국은 2022년이 되면서부터 적극적으로 금리 인상을 시행하여 시중에 뿌린 돈을 회수하고 있다. 하지만 실제로 어느 정도 FRB의 밸런스시트가 축소했을까? 2023년 2월에 이르기까지 미국에서는 나스닥 시장이 전년 고점 대비 30%가 넘게 대폭 하락했고, 일시적으로 3조 달러 정도의 시장 규모를 가졌던 암호화폐 자산 시장이 75%나 폭락하며 궤멸 상태에 빠졌다. 나아가 GAFAM이라고 불리는 미국의 하이테크 기업의 일부 주가는 거의 반값이 되었다.

이렇게나 시장에는 막대한 영향이 생겨났음에도 FRB의 밸런스시트는 8조 3,874억 달러이니 2022년 3월의 정점 때와 비교하여 5,777억 달러밖에 줄지 않은 셈이다. 만일 FRB가 밸런스시트 규모를 팬데믹 이전의 수준까지 급격히 축소하면 미국 자본시장은 완전히 붕괴하게 된다. 언젠가 정상치로 되돌아간다고 하더라도 상당한 시간에 걸쳐 천천히 일을 추진해야 한다. 다시 말해 인플레이션은 길어질 것이다.

두 번째 이유, 신냉전

일찍이 냉전이라고 하면 미국을 중심으로 하는 서구 국가와 구소련을 중심으로 하는 동구 국가 간의 냉전이었다. 이 냉전은 최종적으로 구소련의 붕괴와 옛 동구 국가의 자본주의화로 인해 종언을 맞았다. 그 방아쇠를 당긴 것이 1989년의 베를린장벽 붕괴라고 한다면, 약 30년 정도는 미국 1강 시대가 이어졌다. 그 사이에 미국은 인터넷의 힘으로 세계를 선도하며 경제 규모는 터무니없이 커졌다. 그러나 지금, 다시 세계에 불온한 움직임이 엿보인다.

우선은 중국의 대두다. 약 14억 명이라는 인구를 무기로 중국은 '세계의 공장'에서 '세계 제일의 소비 시장'으로 변모를 이룩하고 있을 뿐만 아니라, '일대일로(一帶一路)' 구상을 통해 세계 경제를 지배하려고 하고 있다. 이에 더해 군사력을 증강하고 태평양으로 진출을 노리고 있다. 미국과 중국은 군사적 충돌은 피하고 있지만, 이미 경제적으로는 전쟁 상태에 있다고 말해도 좋을 정도다. 대만해협에서 긴장감이 높아지고 있으며 언제 국지적인 전투 상태에 들어갈지 알 수 없다.

러시아에 의한 우크라이나 침략 문제도 현시점에서는 아직 해결의 조짐이 보이지 않는다. 그리고 러시아는 지금 중국과의 거리를 점점 좁히고 있다. 중국과 러시아라는 독재 국가가 손을 잡으면 새로운 위협이 될 것은 틀림없는 사실이다. 신냉전은 독재 국가와 민주주의 국가의 싸움이 될 것이다.

이 신냉전이 구조적 인플레이션 요인이 될 리스크를 품고 있다. 미국의 물가 상승률은 2022년 6월에 전년 동월 대비 9.1%까지 상승했는데, 그 후로는 서서히 진정세를 되찾고 있다.

2023년 1월은 6.4%가 되었다. 앞으로 더욱 물가 상승률은 떨어져, OECD의 예상에 따르면 2023년 미국의 물가 상승률은 3.5%까지 떨어질 전망이다. 개인적으로는 낙관적인 숫자라고 생각한다.

앞으로 경기가 감속한다면 물가 상승률이 정점에서 벗어나는 것은 당연한 일이지만, 문제는 신냉전이다. 신냉전이 있는 한 물가 상승률은 진정되어도, 물가 수준 그 자체가 코로나 전까지 낮아지는 일은 없을 것이다.

왜냐하면 저렴한 노동력을 활용하여 대량으로 물건을 생산할 수 있었던 세계의 공장인 중국에서 공장을 철수

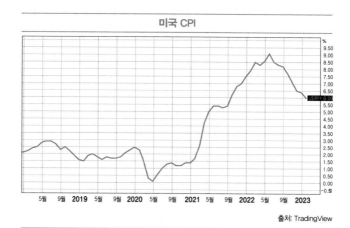

미국 CPI

출처: TradingView

하는 움직임이 서서히 퍼지고 있기 때문이다.

우리가 이것을 깨달은 것이 2015년이었다. 《회사 사계보》를 읽었을 때 리바이 스트라우스 재팬(지금은 상장폐지)의 내용에 '직영·FC도 "메이드 인 재팬"을 내세우고 수요 환기'라는 문장이 있었다. 리바이스 하면 미국을 대표하는 의류 브랜드로, 많은 의류 브랜드가 '메이드 인 차이나'였던 시절에 왜 '메이드 인 재팬'으로 돌아왔는지 의문이 생겼다.

그러나 '메이드 인 재팬' 움직임은 리바이스뿐만이 아

니었다. 당시 중국 자본 산하에서 경영 재건을 추진한 일본의 의류 기업이었던 레나운(2022년 도산)도 '더반은 FW 경쟁에서 메이드 인 재팬을 내걸고 신상품 발매'라고 《회사 사계보》에 기재되어 있었고, 나아가 2012년 2월 13일에 발행된 잡지 〈프레지던트〉에서는 '왜 일본 HP는 중국에서 도쿄로 공장을 옮겼는가'라는 기사가 실렸다.

HP란 미국의 컴퓨터 회사인 휴렛팩커드를 말한다. 이 회사는 중국의 생산 거점을 닫고 도쿄도 아키시마시로 공장을 이전했다. 당시는 아직 중국이 '세계의 공장'이라 불리며 중국에서 제조하는 편이 노동력도 싸서 제품을 싸게 만들 수 있다는 점에서 세계의 제조업체가 중국에 생산 거점을 두고 있을 때였다. 그런데도 왜 휴렛팩커드는 그때 일본으로 생산 거점을 옮겼는가 하면, 일본 쪽이 '총비용'이 저렴하다는 이유였다.

총비용이란 단순한 생산 비용에서 그치지 않는, 중국을 생산 거점으로 함으로써 기업이 부담할 우려가 있는 다양한 리스크도 포함한 전체 비용을 말한다. 가령 이번 팬데믹에서도 그랬다. 중국의 주요 도시가 별안간 록다

운한다고 발표했을 때, 공장에서 일하던 사람들이 모두 일을 도중에 포기하고 도망가버리거나, 도망가려는 사람들을 붙잡기 위해 거액의 보너스를 지급해야만 하는 일이 있었다.

혹은 특허에 관해서도 이것을 도둑질해 중국의 다른 회사에서 같은 특허를 내서, 특허 침해라는 이유로 소송 당하고 막대한 배상금을 지급했다는 경우도 있다. 그 밖에도 장기 휴가 전에 보너스를 지급하는 것까지는 좋지만, 돈만 받고 복귀하지 않는 일도 있다고 들었다.

그리고 무엇보다 무서운 것이 정치 리스크다. 중국은 덩샤오핑 아래 개방 정책으로 전환하여 장쩌민, 후진타오 시대에는 일국양제 제도 아래 경제에 관해서는 자본주의를 도입하여 고도성장을 계속했으나, 2012년 지금의 시진핑 체제가 되고부터는 마오쩌둥 시대로 돌아가려고 하고 있다. 공산당 일당 독재주의로의 회귀다. 이렇게 되면 기업이 중국에 진출하여 생산하는 것 자체가 대단히 높은 리스크가 된다. 다시 말해 총비용이 늘어나는 것이다.

그러나 일본을 비롯한 선진국에서 물건을 만드는 편이 총비용이 싸다고 하더라도 그것은 눈에 보이지 않는 비용을 포함한 사고방식으로, 현실에서 눈에 보이는 제품의 가격을 생각하면 역시 비싼 셈이다. 다시 말해 중국을 벗어나 물건을 제조하면 제품 가격은 오를 수밖에 없다.

물론 이러한 움직임은 적어도 일본에 그렇게 나쁜 이야기는 아니다. 왜냐하면 일본에 제조 거점이 돌아오기 때문이다. 이미 반도체 업계에서는 화제가 되었는데, 대만의 반도체 제조 파운드리인 TSMC가 구마모토현에 거대한 생산 거점을 마련한다고 발표했고, 추가로 일본 국내에 두 번째 거점도 만든다고 이야기가 되고 있다.

이렇게 되면 일본 국내에서 반도체 제조에 관한 고도 인재가 필요해진다. 고도 인재를 모으기 위해서는 임금을 인상해야 한다. 사실 일본 국내에서는 많은 기업이 드디어 초봉을 비롯해 임금 인상을 시작했다. 이것은 물론 인플레이션 요인이 된다.

이렇듯 지정학 리스크를 발단으로 한 중국과의 디커플링이 진행되면 진행될수록 인플레이션의 가능성이 커진다.

세 번째 이유, 일본의 재정 적자

일본은행과 일본 정부는 지금껏 2%의 물가 상승을 목표 물가 상승률로 설정했다. 그리고 지금 2022년 4월 소비자물가지수는 전년 동월 대비 2.1%의 상승으로 인플레이션 목표를 달성했다(210쪽 그래프 참조). 그리고 그 후로도 소비자물가지수는 상승을 이어 나가 2023년 1월은 4.3%가 되었다. 일본 경제는 과거 30년 정도 이어진 디플레이션 경제에서 드디어 탈출할 수 있었다.

이 인플레이션은 결코 환영받을만한 인플레이션이 아니다. 인플레이션의 원인이 한때 1달러=151엔까지 진행된 엔저와 연료와 자원 가격 상승과 같은 외적인 것이었기 때문이다. 일본은행과 정부가 기대한 것은 국내 경기가 회복되는 속에서 기업이 임금을 인상한 결과 개인 소

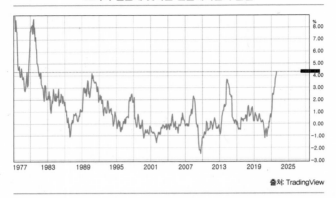

드디어 일본에 찾아온 인플레이션의 물결

출처: TradingView

비가 촉진되어 물가가 상승한다는, 어디까지 국내 경기의 호전에서 비롯된 인플레이션이었다.

이것이 2023년이 되고부터는 기업 일부가 임금 인상을 실시하는 움직임이 나왔다. 이것이야말로 바로 일본은행과 정부가 손꼽아 기다리던 형태의 인플레이션이라고 해도 과언이 아니다. 지금껏 기다려온 인플레이션이 드디어 실현된 만큼, 특히 일본 정부로서는 어떻게 해서든 이 흐름을 끊지 않으려 고심했다. 왜냐하면 일본은 지금 거액의 정부 부채를 안고 있기 때문이다.

현재 일본 정부가 발행한 보통국채는 2022년도 말 시점에서 1,029조 엔이다. 보통국채란 일본 정부가 공공 공사를 시행하거나 혹은 정부의 경상적 자금 부족을 보완하기 위해 발행된 채권이다. 즉 빌린 돈에 대한 증거와 같은 것인데 무려 1,029조 엔이나 된다. 이 액수는 일본 GDP의 2년이 넘는 분에 해당한다. 2022년도 말 시점에서 일본의 GDP 대비 국가채무비율은 262.5%인데, 이 것은 선진국 중에서 가장 높은 숫자다. 참고로 이탈리아 150.6%, 미국 125.6%, 프랑스 112.6%, 캐나다 101.8%, 영국 87.8%, 독일 70.9%다.

일본의 채무액이 GDP 대비로 200%를 넘은 것은 패전 직후인 1944년에 기록한 204%다. 전쟁에는 막대한 자금이 필요해서 정부는 거액의 자금을 국채 발행으로 모아 이것을 군사비에 썼는데, 그때보다도 훨씬 나쁜 상태가 바로 지금이다.

이 1,029조 엔이나 되는 빚을 갚기란 쉬운 일이 아니다. 다만 딱 한 가지 빚을 순식간에 갚아버릴 방법이 있다. '일본 정부가 안고 있는 빚은 괜찮습니까?' 하는 질문을 자주 받는다. 1,000조 엔이 넘는 빚을 안고 있는 일본이 빚으로 허덕이다 망하는 것은 아닐까 하고 우려하는 것이다.

그런 걱정은 필요 없다. 일본 정부가 안고 있는 거액의 빚은 다행히도 그 대부분이 일본 국내에서 빌린 것이다. 물론 이전에 비해 해외로부터 빌린 액수는 늘어나고 있지만, 그래도 일본 국채는 90% 이상이 일본 국내에서 보유되고 있다. 참고로 2022년 9월 말 시점에 일본 국채 보유자를 보면 213쪽의 그래프와 같다. 해외 보유 비율은 단 7.1%로 나머지는 일본 국내의 누군가로부터 빌린 것이라는 말이다.

따라서 적어도 일본 국내의 누군가로부터 빌린 돈은 간단히 갚을 수 있다. 그것은 일본 정부가 돈을 펑펑 찍어내어 상환에 충당하면 되기 때문이다. 게다가 일본은행권, 다시 말해 화폐를 찍어내는 일본은행이 정부 빚의 50.3%를 보유하고 있으니 돈을 찍어내어 빚 상환에 충당하는 일은 훨씬 간단하다.

그렇다면 이렇게 간단한 방법이 있는데 왜 행동으로 옮기지 않는지 의문이 들 것이다. 왜 그렇게 하지 않는

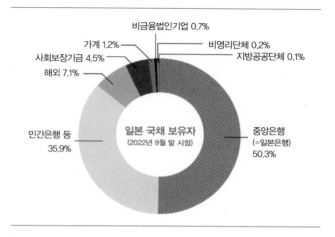

비금융법인기업 0.7%

가계 1.2%

사회보장기금 4.5%

해외 7.1%

비영리단체 0.2%

지방공공단체 0.1%

민간은행 등
35.9%

일본 국채 보유자
(2022년 9월 말 시점)

중앙은행
(=일본은행)
50.3%

가 하면, 말도 안 되는 인플레이션이 될 우려가 있기 때문이다.

일찍이 일본 정부는 예금 봉쇄와 신권 전환, 나아가 현금 인출 규제라는 거친 방법으로 빚을 없앴다는 사실이 있다. 종전 직후인 1945년의 일이다. 구권의 인출이 제한되고, 한동안 후에 신권으로의 전환과 구권의 지폐 유통 정지를 통해 구권이 종잇조각이 되고 말았다. 그 결과 구권으로 이루어진 일본 정부의 빚 대부분은 없어졌다. 게다가 이러한 방법의 부채 탕감책은 종전 직후가 처

음이 아니다. 메이지 유신 때도 마찬가지로 일본 정부는 빚을 없앴다. 그 이전의 무사 정권을 폐지할 때 당시 무사가 상인으로부터 빌린 거액의 빚을 없애고 메이지 정부를 세웠다.

이러한 과거 사례를 보면 알 수 있듯이 정부는 언제든 빚을 없앨 수 있다. 따라서 보통국채 잔액이 1,000조 엔을 넘겼다고 하더라도 이로 인해 일본 정부가 파산하는 일은 없다. 다만 그만큼 돈을 찍어내면 당연히 엔화 가치는 대폭락한다. 그 결과 엔화로 자산을 보유한 사람 대부분은 인플레이션으로 인해 보유 자산의 실질적 가치를 잃고 큰 손해를 보게 된다.

하지만 그렇게 대담한 정책을 펼치면 국내 정세가 대혼란에 빠지므로, 아마도 일본 정부는 지금의 4% 정도의 물가 상승률을 매우 감사하게 생각하며 이것을 유지함으로써 서서히 빚의 실질적 가치를 줄여나가려고 할 것이다. 그러한 의미에서도 물가가 내려가기 어려운 환경에 있다고 생각할 수 있다.

불투명한 투자 환경, 어떻게 살아남을 것인가

지금 시대를 선진국에서 살아가는 우리에게 금리는 초저금리, 혹은 제로 금리가 당연하다고 생각하고 있을지도 모른다. 그러나 이것은 과거 역사에서 보아도 당연히 이상한 사태라는 사실을 인식할 필요가 있다.

'금리'의 개념은 수천 년 전부터 있었고, 그 역사 속에서 알 수 있는 범위의 평균적 금리 수준은 대체로 20% 정도다. 다시 말해 연 20%의 금리는 상당히 양심적이다. 그런데 제로 금리이니 그야말로 지금 선진국에서 형성된 금리는 이상하다. 이것은 시장의 상식인데, 이상한 값은 어딘가에서 반드시 수정된다. 다시 말해 현재의 초저금리도 어딘가의 국면에서 반드시 수정될 것이다. 즉 금리는 상승한다.

아니, 그 전에 인플레이션이 더욱 가속할지도 모른다. 과거 역사에서 평균적 금리 수준이 연 20%라고 한다면 물가 수준도 그에 가까운 정도까지 상승할 가능성이 있다.

반면 서두에서도 언급했는데, 미국은 과거 유례없는

정도의 양적 금융 완화를 단행했다. 이후 금융을 정말 조금만 긴축하기만 했는데 미국의 주식시장은 큰 폭으로 하락했다. 언제가 될지 모르지만 금리가 20%를 향해 상승하게 되면 미국의 주식시장은 과거 유례없는 정도의 대폭락을 맞을 것이다. 주식 이외의 리스크 자산도 마찬가지다. 그러나 그것은 세계의 기축 통화인 달러의 신인도를 지켜내는 데 필요해질 가능성이 크다.

다만 그것이 곧 일어날지, 아니면 조금 후의 일일지는 솔직히 아무도 모른다. 물론 필자도 모른다. 따라서 이러한 상황에서 투자 행동을 한다면 세상이 금융 완화적으로 되었을 때는 리스크 자산을 보유하고, 금융 긴축적인 환경이 되었을 때는 리스크 자산을 내려놓고 과도한 리스크를 부담하지 않는 운용을 하기 위해 노력하는 수밖에 없다.

이때 금융 완화로 향하는지, 아니면 금융 긴축으로 향하는지를 파악하기 위해서는 이 책에서 설명해온 경제지표가 단서가 된다. 다시 말해 경제지표를 이해한다는 것은 불투명성이 더해져 가는 지금의 투자 환경에서 자신을 지키기 위해 필요한 지식의 하나라고 할 수 있다.

마지막으로 이것은 특히 일본인에게 말해두고 싶은 것인데, 과거 30년이나 이어져 온 디플레이션 경제로 인해 여러분의 머리는 디플레이션에 익숙해져 있다. 다시 말해 디플레이션적인 발상으로는 지금부터 펼쳐질 인플레이션 시대를 헤쳐 나갈 수 없다. 현금을 끌어안고 있는 것이 아니라, 인플레이션에 강한 자산으로 바꿔두거나 혹은 필요한 것이 있다면 지금 사두는 소비 행동이 필요하다.

낭비하지 않고 오로지 저축을 미덕으로 여겨온 일본인 입장에서 보면 발상의 전환은 힘들 수도 있지만, 인플레이션이 진행되는 시대에서는 '조금 비싸군. 시간이 지나면 싸질지도 모르니까 조금 더 기다려봐야지' 하는 사이에 점점 가격이 올라 반대로 손해를 보게 될 수도 있다.

불필요하게 아무거나 사라는 말은 아니지만, 필요한 것을 필요한 때에 사는 결단력을 지니는 것이 중요하다.

경제지표의 지식을 갈고닦아 지금부터 본격화될 인플레이션 시대를 헤쳐나가는 데 필요한 지혜를 몸에 익히기를 바란다.

지금부터의 시대는 경제 공부가 매우 중요한 의미를 지닌다. 이 책에서 다루어온 경제지표 지식도 그중 하나다. 전문가처럼 상세하게 볼 필요는 없다. 그 숫자가 무엇을 의미하는지, 그것이 자신이 보유한 자산, 혹은 자신이 몸담은 업계에 어떠한 영향을 미치는지를 대략적으로 알면 그것으로 충분하다. 경제지표는 실로 많은 종류가 있는데, 목표를 달성하기 위해서 전부를 이해할 필요는 없다. 이 책에서 설명한 것만으로 충분하다

MUST-KNOW ECONOMIC INDICATORS
IN THE AGE OF INFLATION

12

**주식 차트나 기업 실적보다 더 중요한
경제 흐름 읽는 법
세계 인플레이션 시대의
경제지표**

초판 1쇄 인쇄 | 2023년 9월 19일
초판 1쇄 발행 | 2023년 10월 4일

지은이　　　 | 에민 율마즈
옮긴이　　　 | 신희원
펴낸곳　　　 | 시크릿하우스
펴낸이　　　 | 전준석
주소　　　　 | 서울특별시 마포구 독막로3길 51, 402호
대표전화　　 | 02-6339-0117
팩스　　　　 | 02-304-9122
이메일　　　 | secret@jstone.biz
블로그　　　 | blog.naver.com/jstone2018
페이스북　　 | @secrethouse2018
인스타그램　 | @secrethouse_book
출판등록　　 | 2018년 10월 1일 제2019-000001호

ISBN 979-11-92312-60-6　03320